시장과 고객을 사로잡는
프로세스 매니지먼트

PROCESS MANAGEMENT NYUMON
Copyright © 2003 by Tomohiro Takanashi & Isao Mannen
All rights reserved

No part of this book may be used or reproduced in any manner
whatever without written permission except in the case of brief quotations
embodied in critical articles or reviews.

Original Japanese edition published
by Japan Productivity Center for Socio-Economic Develoment
Korean Translation Copyright © 2004 by ILBIT PUBLISHING Co.

Korean deition is published by arrangement
with Japan Productivity Center for Socio-Economic Development
through BOOKCOSMOS

이 책의 한국어판 저작권은 북코스모스를 통한
저작권자와의 독점 계약으로 도서출판 일빛에 있습니다. 신저작권법에 의해
한국 내에서 보호를 받는 저작물이므로 무단 전재와 무단 복제를 금합니다.

시장과 고객을 사로잡는
프로세스 매니지먼트

다카나시 토모히로 · 만넨 이사오 지음 | 최 종 옥 옮김

일빛

시장과 고객을 사로잡는
프로세스 매니지먼트

펴낸곳 도서출판 일빛
펴낸이 이성우
지은이 다카하시 토모히로 · 만넨 이사오
옮긴이 최종옥
주　간 이준수
편　집 손일수 · 이은주 · 이수경
마케팅 최정원 · 조규석 · 이정자
디자인 에스파

등록일 1990년 4월 6일
등록번호 제10-1424호

초판 1쇄 인쇄일 2004년 3월 10일
초판 1쇄 발행일 2004년 3월 20일

주소 121-837 서울시 마포구 서교동 339-4 가나빌딩 2층
전화 02) 3142-1703~5 팩스 02) 3142-1706
E-mail ilbit@unitel.co.kr

값 8,500원
ISBN 89-5645-043-9 (03320)

◆ 잘못된 책은 바꾸어 드립니다.

● 글머리에

기업 활동의 프로세스를 변혁해야만 하는 이유는 무엇이며 경영 혁신과 업무 개선을 하는 데 있어서 무엇이 가장 중요한 것일까? 이러한 것이 탁상공론에 지나지 않으려면 프로세스에 대한 정확한 이해가 전재되어야 한다.

'프로세스'에 대한 이해는 오랜 시간동안 물품을 생산해온 일본 제조 공정이 주된 프로세스 예라고 볼 수 있다. 그러나 요즘같이 "좋은 상품도 사지 않는" 소비자가 증가하고 있는 가운데 기업이 살아남기 위해서는 어떻게 하면 소비자가 좋아하는 물건을 만들 것인지, 코스트를 저하시키기 위해 어떻게 기업 시스템 전체를 효율화시킬지, 제멋 대로인 고객을 어떻게 하면 만족시킬 것이지가 과제이다. 따라서 경쟁력 향상을 위해서는 기업 논리를 포함한 이해 관계자 만족(그 중에서 고객 만족, CS가 최우선이다) 경영을 축으로 한 간접 부문이나 소매업의 프로세스를 효율화시키는 것이 중요한 시대가 되었다.

경쟁력 향상을 위한 다른 시점에서 보면 IT 혁명이 발전하여 IT에 의한 처리 스피드와 IT를 활용한 업무 결과에만 신경이 집중되고 있는 실정이다. 경영 환경이 좋았을 때는 처리 스피드에 그다지 큰 문제를 느끼지 않았으며 오히려 그것이 목적이었다. 그러나 환경이 격변하는 시대에 IT에 의한 현재의 기업 활동이 효율적이라고는 할 수 없고 기업 활동 자체를 변혁시켜야만 기업이 생존할 수 있는 경우가 많아졌으며 IT 이전의 경영 본질을 깊이 있게 다루게 되었다.

이 기업 활동이란 구체적으로 각 부서의 담당자가 매일 하고 있는 업무 프로세스를 의미한다. 업무 프로세스를 어느 정도 이해하는지, 효율은 있는지, 변혁되었는지가 중요 성공 요인이 된다. 프로세스의 흐름은 어떤 활동이 정해져 있는 제조 공정에 있어서 알기 쉬우나 간접 부문과 서비스업에서는 고정적인 흐름으로 되어 있기 때문에 일반인이 알기 어려운 프로세스라 할 수 있다.

하지만 정보 인프라에 의한 혁신이 프로세스 혁명을 가져왔으며 경영 방법에 믿을 수 없을 정도로 커다란 영향을 주고 있는 것도 사실이다. 사이클타임에 초점을 두어 생각해 보면 상품 개발 라이프사이클이 극단적으로 짧아지고 있다. 그것은 급변하는 경쟁에서 생긴 것이지만 특히 시간의 이변성에 관한 소비자의 요구가 엄격해진 이유도 있다. 사이클타임의 단축은 지금까지 생각도 못했던 코스트 경쟁이나 가격 파괴를 일으켰으며 품질 확보에도 영향을 주고 있다. QCT(품질·코스트·사이클타임)는 좋은 물건을 만드는 프로덕트 아웃 발상에서 고객 니즈에 맞춘 마켓인 발상으로 확실하게 패러다임 시프트(사회 전체의 가치관 변동)화 하고 있다.

이처럼 다른 각도에서 상황을 보면 모든 기업 활동의 인프라인 '기간 업무 프로세스' 와 '지원 업무 프로세스' 의 구조나 문제로 환원된다. 즉 경쟁력 있는 프로세스 구조가 PDCA 사이클로서 잘 진행되고 있는가를 볼 필요가 있다. 이것이 프로세스 매니지먼트이다.

본서는 '1장 왜 프로세스일까?' 에서 프로세스가 주요 성공 요인으로서 각광을 받는 이유, 프로세스 자체의 의미, 그리고 프로세스 매니지먼트의 고찰을 해설했다. '2장 프로세스 매니지먼트의 기초' 에서는 프로세스를 이해시키고 효율적으로 활용하기 위한 프로세스 맵핑, 프로세스 체인 등에 대해 배우는 시간을 가졌다. 구체적인 프로세스 매니지먼트 방법에 대해서는 '3장 프로세스 매니지먼트의 방법론' 에서 3 페이스와 7가지 스탭을 모델로 사용하여 정리했다. 그리고 현장에서 프로세스를 프로세스 매니지먼트로 활용하여 업무 개혁과 경영 혁명을 하는 방법을 '4장 프로세스 매니지먼트를 활용한 업무 개혁·경영 혁신' 에서 설명하였으며 그 구체적인 방법에 대해서는 '5장 프로세스 벤치마킹'과 '6장 프로세스의 리엔지니어링'에서 개요를 서술했다. 7장은 프로세스 전체를 포괄한 경영 품질에 대한 고찰 방법을 정리했다.

이와 같이 어프로치한 이유는 변화하는 환경 속에서 어떻게 하면 베스트 프랙티스(최고의 실천)를 발견하며, 어떻게 하면 프로세스를 재편집할 수 있는지가 기업 경쟁력을 향상시키는 업무 개혁의 열쇠이기 때문이다. 업무 개혁으로는 '리엔지니어링' '벤치마킹' '경영 품질' '사내 어세스먼트' '지식 매니지먼트' '전략적 리스크 매니지먼트' '학습하는 조직' 등이 유효하지만, 그 실효성을 높이기 위해서는 무엇보다도 프로세스에 대한 이해가 중요하다. 그렇기 때문에 본서에서는 기업 활동의 인프라인 '프로세스'의 이해를 집중적으로 해설하고 있다. 7가지의 기간 업무 프로세스, 6가지의 지원 업무 프로세스를 기본으로 하며 프로세스 전체상 각각의 프로세스는 무엇을 의미하고 있는지(정의 · 중요성), 그 프로세스를 유효하고 효율적으로 움직이기 위해서는 무엇이 중요한지(주요 성공 요인), 그리고 프로세스의 목적을 어느 정도 달성하고 있는지를 어떤 식으로 관리하는지(프로세스 · 매니지먼트 방법론 · 평가 척도), 구체적으로 어떤 정량 · 정성 수치에 의해 체크하고 있는지(측정 지표) 등에 대해 검토하고 있다.

본서는 프로세스와 매니지먼트에 대해서 기본적인 이해를 하고 싶은 사람이나 프로세스에 관하여 자세히 알지 못하는 사람, 또는 생산관리 현장 담당자는 물론 기타 제조업의 모든 업무 담당자, 서비스업계 사람을 대상으로 하고 있다. 물론 벤치마킹 매니저, QC나 CS 담당자, 지식 매니지먼트에 있어서는 필독서이다. 독자 여러분이 프로세스와 프로세스 매니지먼트의 연구 성과를 활용하여 벤치마킹이나 사내 어세스먼트 효과를 높이기 위해 또는 업무 개선·개혁, 사원의 의식 개혁 등에 도움이 된다면 기쁘겠다.

2003년 1월
다카나시 토모히로 · 만넨 이사오

• 차 례

01 왜 프로세스일까?

1. 프로세스에 개한 기본적 이해 | 17

프로세스는 포터가 제창한 밸류 체인의 기본 요소이다_20 • 프로세스는 비즈니스를 성공시키기 위한 루트이다_24 • 프로세스는 업종, 업태, 업무의 차이에 따라 변용될 수 있다_24 • 프로세스는 그와 관련된 인재에 따라 그 효과가 크게 달라진다_26

2. 프로세스란 무엇인가? | 29

프로세스 흐름도 작성 방법_30 • 프로세스란_34 • 프로세스의 기본 이념_36 • 프로세스의 업적 평가 체계_39 • 프로세스의 활용_41 • 프로세스의 분류_43

3. 프로세스 매니지먼트의 사고방식 | 49

정의_49 • 목적_52

02 프로세스 매니지먼트의 기초

1. 프로세스의 성질과 프로세스 매니지먼트 | 57

   프로세스의 입구_65 • 프로세스의 출구_66 • 프로세스의 내부_68 • 최종 고객_69

2. 프로세스의 성질과 프로세스 체인 | 71
3. 프로세스 맵핑 | 75
4. 프로세스 맵핑의 연습 | 79

   나시도시 전자 부품 공업의 고객 문의 사항 응대 프로세스_79 • 해설_81

03 프로세스 매니지먼트의 방법론

1. 프로세스 매니지먼트란 무엇인가? | 89
2. 프로세스 매니지먼트의 목표 | 91
3. 3 페이스 스텝법 | 92

   페이스 1 프로세스 준비_93

   페이스 2 프로세스 분석과 이해_102

   페이스 3 프로세스 개선_120

4. 프로세스의 유지 · 실행 · 관리 | 129

04 프로세스 매니지먼트를 활용한 업무 개혁 · 경영 혁신

1. 왜 업무 개혁이 중요한가? | 133
2. 업무 개혁을 위해 무엇이 필요할까 | 137
   CS 경영_138 · 새로운 사고방식의 출현_139 · 새로운 TQC 사고방식_140 · 프로세스 매니지먼트의 활용_142

05 프로세스 벤치마킹

1. 프로세스 리엔지니어링은 벤치마킹으로 | 145
1. 벤치마킹에 의한 프로세스 변혁의 6가지 키 포인트 | 146
   경영환경 변화의 인식_146 · 범직능적(Cross-Functional) 프로세스의 사고_147 · 고객 가치 창조_147 · 외부의 베스트 프랙티스에서 배운다_148 · 시스템 사고를 통해 문제의 근원을 파악한다_148 · 프로세스의 평가 · 개선을 명확하게 실시한다_149
2. 기간 업무 프로세스의 평가 · 개선 | 150
3. 벤치마킹의 효과 | 152

4. 벤치마킹 도입 스텝 | 156

5. 벤치마킹의 종류와 특징 | 158

사내 벤치마킹_158 • 경쟁자 벤치마킹_159 • 프로세스 벤치마킹_159 • 전략 벤치마킹_159 • 글로벌 벤치마킹_160

6. 벤치마킹의 행동 규범 | 161

06 프로세스의 리엔지니어링

1. 리엔지니어링은 백지 상태에서 구축하라 | 165
1. 리엔지니어링과 벤치마킹 | 167
2. 리엔지니어링으로 프로세스의 QCT 향상을 목표로 한다 | 169
3. 프로세스의 평가와 리엔지니어링의 방법 | 173

적절한 사업 영역의 인식_173 • 약점과 강점의 분석에 따른 현재 비즈니스 모델의 평가_174 • 근본적인 변혁을 목표로 한 새로운 비즈니스 모델의 구축_174 • 대상 프로세스의 축소_174 • 대상 프로세스의 평가와 재편을 위한 리엔지니어링의 실시_175

07

일본 경영 품질상과 프로세스 매니지먼트

1. 일본 경영 품질상이란? | 179
2. 일본 경영 품질상 평가기준은? | 180
   방법/전개_181 • 결과_181
3. 일본 경영 품질상 평가 기준의 구성 | 183
   목표하는 방향(탁월한 성과의 추구)_183 • 기본 이념_184 • 중시하는 사고방식_184 • 프레임 워크_185 • 카테고리_187 • 평가 항목과 기술 범위 및 사고방식_187

   카테고리 1. 경영 간부의 리더십_188

   카테고리 2. 경영의 사회적 책임_189

   카테고리 3. 고객 · 시장의 이해와 대응_190

   카테고리 4. 전략의 수립과 전개_192

   카테고리 5. 개인과 조직의 능력 향상_194

   카테고리 6. 가치 창조 프로세스_196

   카테고리 7. 정보 매니지먼트_198

   카테고리 8. 활동 결과_199

01

왜
프로세스일까?

프로세스에 대한 기본적 이해 ■
프로세스란 무엇인가? ■
프로세스 매니지먼트의 사고방식 ■

프로세스에 대한
기본적 이해

왜 프로세스가 중요한 것일까? 우선 기업 활동 전체를 살펴보자. 오늘날 기업 환경은 크게 변하여 IT 혁명이나 세계화(글로벌라이제이션) 등이 추진되고 있어 기업간 경쟁이 심해지고 있다. 규제 완화 및 금융시스템의 붕괴를 시작으로 구조적인 개혁이 진행되고 있는 가운데 21세기에 접어들어서 기업 환경이 지녀야 할 자세, 경영 철학, 경영 전략, 경영 혁신 방법, 조직과 개인의 관계 등이 다양한 모습으로 변하고 있다. 또한 환경 문제 및 기업 윤리 등의 사회적 책임 역시 중요시되고 있으며 세계 표준 및 코퍼레이트 거버넌스(Corporate Governance) 등에 관심이 집중되고 있다. 이와 같이 기업 환경과 관련된 영역이 확대되고 있는 것은 우리가 앞으로 경영에 대해 새로운 시각으로 접근해야 할 필요성을 시사하고 있다.

사회와 환경의 산물로서 기업을 보면 앞으로의 기업은 국제관계, 사회적 책임, 이해관계자의 의견, 고객의 니즈 등을 총체적으로 고려한 조직이 되지 않으면 극한 경쟁 시대에 살아남을 수 없다는 사실은 분명하다. 기업 조직의 대규모적인 흐름은 물론 인터넷 시대에 있어서는 중소기업도 업계가 확장되어 글로벌화되기 때문에 이러한 영향은 세계적 규모로 확대되고 있다.

이러한 경영 환경은 매출지상주의와 이익을 위해서라면 어느 정도의 희생은 어쩔 수 없다는 식인 종래의 사고방식을 배제하고 기업이 사회의 공기(公器)로서 새롭게 자리 매김을 해야 한다는 현실이 기업 활동의 프로세스에 직접 또는 간접적으로 영향을 미친다. 왜냐하면 "기업 활동이라고 하는 것은 시간의 경과와 함께 각 부서가 업무라고 정한 활동(구매 업무, 상품 개발 업무, 제조 업무, 판매 업무, 환경 관리 업무, IR 업무 등)을 각각의 장소에서 다양한 관계자가 실시하고 있다(프로세스)"는 문맥에서 보면 업무 프로세스와 그 업무에 관여하고 있는 사람의 활동 결과에 대한 총체적 시스템이기 때문이다.

따라서 경영 전략을 구체적으로 전개하거나 실행하는 업무 프로세스의 성패가 경영의 성패와 직접적으로 연결되는 것이다. Chart 1은 이러한 구조를 모델화하여 설명하고 있다.

1) 환경 변화 → 새로운 비즈니스 모델의 구상 및 구축

소위 버블 경제의 붕괴 이후 경영 환경 변화는 기업의 생존을

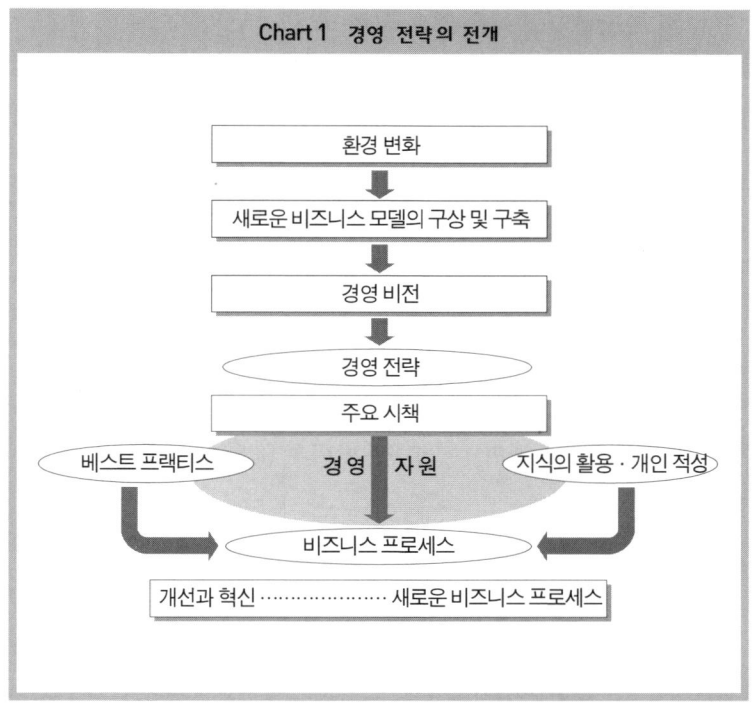

위한 새로운 비즈니스 모델을 요구하고 있다.

2) 새로운 비즈니스 모델의 구상 및 구축 → 경영 비전

이러한 새로운 비즈니스 모델을 성공시키기 위해서는 무엇을 달성해야 할까? 또한 그 목표로서 새로운 경영 비전을 설정할 수 있다.

3) 경영 비전 → 경영 전략

목표를 달성하기 위한 방침이나 방책이 바로 새로운 경영 전략

이다. 주요한 경영 전략을 주요 시책이라고 부른다.

4) 경영 전략 · 주요 시책 → 비즈니스 · 프로세스

적절한 경영 자원을 투입하여 경영 전략을 실행하는 구체적인 기법이 비즈니스 프로세스(업무 프로세스)이다.

결국 프로세스는 전략을 전개하는 활동이라고 할 수 있다.

5) 베스트 프랙티스/지식의 활용 및 개인 적성 → 비즈니스 프로세스

경영 전략을 달성하기 위해서는 이 비즈니스 프로세스를 타사의 베스트 프랙티스(Best Practice ; 최상의 업무 흐름)와 사내 외의 지식을 활용함으로써 개선 또는 개혁하지 않으면 안 된다. 따라서 프로세스는 기업 활동의 본질이며 프로세스에 대한 기본적인 이해로서 다음과 같은 시각이 중요하다.

▍프로세스는 포터가 제창한 밸류 체인의 기본 요소이다

패러다임 시프트(패러다임의 변화)로 불려질 수 있는 글로벌 경쟁 시대에 기업이 생존하기 위해서는 격변하는 환경에 맞추어 고객과 시장의 시각에서 새로운 기업 활동 조직을 창조하는 것이 중요한 성공 요인이다. 즉 고객과 시장의 시각에서 고객이 요구하는 가치를 제공하는 것이 중요하다고 할 수 있다. 이를 위해 고객가치를 창조하는 기업 활동의 밸류 체인(Value Chain)을 근본적으로

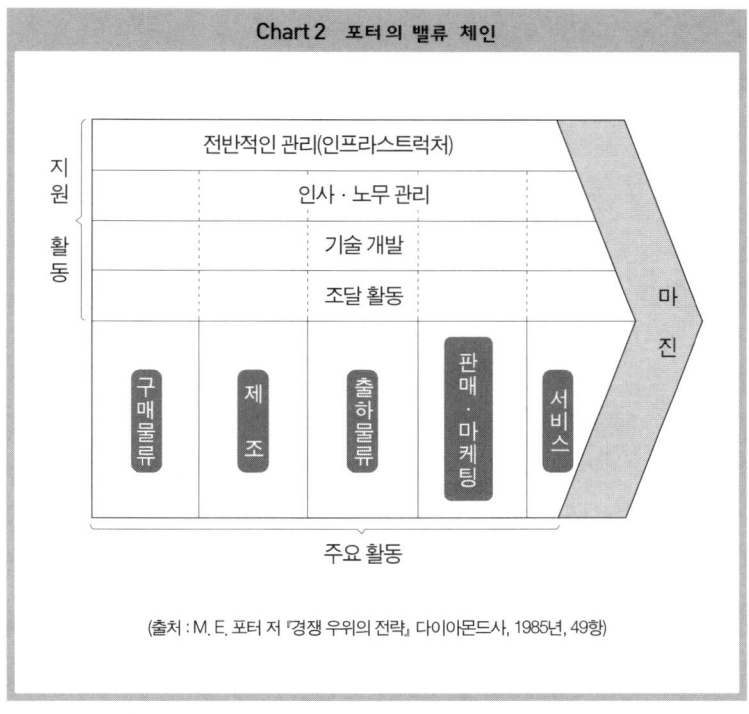

정확히 직시하지 않으면 안 된다(구체적인 업무 개혁에 관해서는 4~6장 참조).

이 밸류 체인을 구성하는 기본 요소가 '기간(基幹) 업무 프로세스'와 '지원 업무 프로세스'이다. 결국 고객 가치를 창조하는 밸류 체인을 직시하기 위해서는 이 두 가지 프로세스(기본 요소)에 초점을 맞춘 적절한 매니지먼트와 경영 혁신이 요구된다. 따라서 이것이 행해지지 않는 한 경쟁력을 갖춘 기업 활동 조직을 창조하는 것은 불가능하게 된다. 기본적 요소인 이 2개의 프로세스는 보다 구체적인 프로세스에 의해 구성된다.

기간 업무 프로세스를 구성하는 구체적인 프로세스의 예
  1) 고객과 시장을 이해하는 프로세스
  2) 경영 전략 수립 프로세스
  3) 구매 프로세스
  4) 마케팅 프로세스
  5) 생산 기술 혁신 프로세스
  6) 신기술 · 상품 개발 프로세스
  7) 제조 프로세스
  8) 재고 관리 프로세스
  9) 출하 · 수송 프로세스
 10) 청구 프로세스
 11) 대금 회수 프로세스
 12) 애프터 서비스 프로세스

지원 업무 프로세스를 구성하는 구체적인 프로세스의 예
 13) 부문별 평가 프로세스
 14) 각 프로세스의 유효성과 효율성을 평가하는 프로세스
 15) 연결 재무제표 작성 등 경리 프로세스

16) 재무 · 투자 프로세스
17) 고정 자산 관리 프로세스
18) 고객 데이터 베이스 작성 프로세스
19) IT 활용 프로세스
20) 인재 개발 프로세스
21) 환경 관리 프로세스

한 마디로 말하면 고객의 요구에 부응하는 업무 흐름 전체가 밸류 체인으로서의 프로세스인 것이다. 따라서 위에서 언급한 기간 업무 프로세스와 지원 업무 프로세스를 22) 개선 · 개혁하는 프로세스라는 것이 존재한다. 이것은 4장에서 자세하게 다루겠지만 환경이 변화할 때는 가장 중요한 프로세스라고 할 수 있다. 또한 세계적으로 참고할 수 있는 미국의 APQC(American Productivity Quality Center ; 미국 생산성 품질 센터)의 분류에 따른 프로세스 체계도는 2장에 잘 나와 있으므로 적절하게 참고하기 바란다.

프로세스는 비즈니스를 성공시키기 위한 루트이다

환경은 끊임없이 변한다. 따라서 비즈니스 모델 역시 변하고 비즈니스 모델이 변하면 경영 전략도 변하며 업무 방식도 변하게 된다. 이러한 업무의 흐름이 프로세스이기 때문에 프로세스는 이러한 새로운 경영 전략을 전개하기 위한 루트를 실제로 움직이고, 활동을 연쇄적으로 이어준다. 따라서 경영 전략을 실행에 옮기는 프로세스의 역할을 생각해보면 프로세스는 고정된 것이 아니라 전략 목표를 달성하기 위해 필요한 최상의 업무 흐름을 실천하는 것이며 기업 활동의 선택된 흐름(최적 루트)이므로 유연하지 않으면 안 된다.

결국 프로세스에는 1) 비즈니스를 성공시키기 위한 최적의 활동, 2) 흐름, 더나아가 3) 최적의 루트가 있다.

프로세스는 업종, 업태, 업무의 차이에 따라 변용될 수 있다

프로세스는 최적의 루트 이상의 것을 의미하며 명칭이 같다고 해서 반드시 동일한 흐름으로 한정되는 것은 아니다. 제조 공정(프로세스)은 단순한 인과관계를 기본으로 하는 기술 시스템 프로세스이기 때문에 개선될 때까지는 고정된 흐름을 유지하고 있다.

단지 제품이 정밀화된다든가 대형화되면 프로세스의 단계가 많아지고 복잡해진다. 한편 판매 프로세스와 고객 접점 활동은 소위 복잡계라고 말할 수 있는 시스템이며 전체 고객에 대한 대응은 원칙과 다를 수 있다. 그러나 프로세스 자체가 변화하기는 하지만 인사 관리는 한편으로 대응할 수 있는 범위 내에 있기 때문에 프로세스의 단계는 상대적으로 간단하다.

예를 들어 주택 건설업이라는 동종 업종이라 할지라도 그 비즈니스 프로세스는 공장 조립에 의한 '조립식 주택(프리패브)'과 '주문 주택'의 경우가 완전히 다르다. 결국 설계 프로세스, 건축 프로세스, 메인터넌스 프로세스 등의 업무 프로세스는 각기 다르다. 왜냐하면 조립식 주택은 70~80%가 공장에서 생산이 가능한 반면 주문 주택은 개별적인 기호를 반영하기 때문에 판매를 위한 표준화가 어려워 당연히 공장화율이 낮다. 결국 도면, 적산(건설 공사의 시공 목적물의 완성에 소요되는 각 공정별 수량을 산출하는 작업-역주), 발주와 관련하여 공장과 개별적으로 산재해 있는 현장과의 부적합한 부분이 발생하고 공정 계획, 자재 공급의 불일치가 발생하며 현장의 작업 진척에 영향을 미치게 된다. 주문 주택의 경우 주택 건설 회사의 영업점과 공장, 유니트 철근 메이커, 공무점 등이 협력하여 30,000점의 부품이 조립되는 어셈블리 상품이 주문 건축되는 것이다.

시간적인 면으로 봐도 도로, 교량, 공장, 선박 등 규모가 큰 건축

물을 건축하는 프로세스는 시간이 많이 걸리고 우유, 생선, 야채 등의 신선을 요하는 식품의 판매 프로세스와 정형적인 청구서를 작성하는 프로세스는 시간이 적게 걸리는 프로세스이다.

▎프로세스는 그와 관련된 인재에 따라 그 효과가 크게 달라진다

기업 활동은 2개의 별개 활동으로 나눌 수 있다. 즉 밸류 체인을 의미하는 본래의 고객 가치를 창출해내는 조직 그 자체를 의미하는 '하드 프로세스(기간 업무 프로세스와 지원 업무 프로세스를 포함하는)'와 본래의 업무(하드 프로세스)를 효율적으로 만들기 위한 경영 정보와 정보 기술 등의 관련 정보를 제공하는 '소프트 프로세스(지원 업무 프로세스와 그밖에 지원 정보 및 지식을 포함하는)'로 분류할 수 있다. 기간 업무 프로세스에 대해서는 매일 연구하는 것은 물론 지원 업무 프로세스도 소프트 프로세스로 생각할 수 있다. 한편 지원 업무 프로세스에 있어서는 그 자체가 하드 프로세스이며 매일 연구하고 개선하는 것이 소프트 프로세스라고 할 수 있다.

이렇게 생각할 때 업무 프로세스가 효율적으로 이루어지기 위해서는 관계자들의 적절한 활동과 필요한 정보 처리가 성공의 열쇠임을 알 수 있다. 프로세스를 진행하는 사람들이 단순히 노동력으로 생각하여 말하는 대로, 그저 시키는 대로만 일하는 '인재(人材)'인지 아니면 스스로 연구해서 효과적이고 효율적으로 행동하여 기업의 재산이라고 말할 수 있는 '인재(人財)'인지에 따라 그 프로세스의 효과는 엄청난 차이를 나타낼 것이다.

그러나 어느 기업이든 하드 프로세스와 소프트 프로세스를 융합하여 효율적으로 업무를 추진하기 위해 과거의 성공 체험과 실패 체험의 바탕을 이루고 있는 프로세스를 급격하게 변화시키는 것은 매우 어렵다. 실제로 많은 기업들은 치열한 경쟁 시대에 새로운 비즈니스 모델과 새로운 경영 전략에 맞는 비즈니스 프로세스를 재구성(리엔지니어링에 관해서는 5장 참조)하기 위해 고심하고 있다.

따라서 기존의 성공 체험으로부터 벗어나 하드 프로세스 및 소프트 프로세스를 근본적으로 변화시키는 지식과 완전히 새로운 프로세스를 창출하는 지식이 필요한 것이다. 말하자면 지식 프로세스라고 불려야할 눈에 보이지 않는 프로세스를 실행에 옮기는 것이 앞으로 기업이 성공할 수 있는 중요한 요인이 될 것이다(Chart 3 참조). 예를 들면 지식을 소유하는 사람(근본적인 지식을 제공할 수 있는 '인재')과 특정 업무에 대한 적성을 가지고 있는 사람이 특정 프로세스를 담당해야만 업무의 개선도 가능하고 효과도 높아진다. 다시 말해 베스트 프렉티스라고 불리는 프로세스와

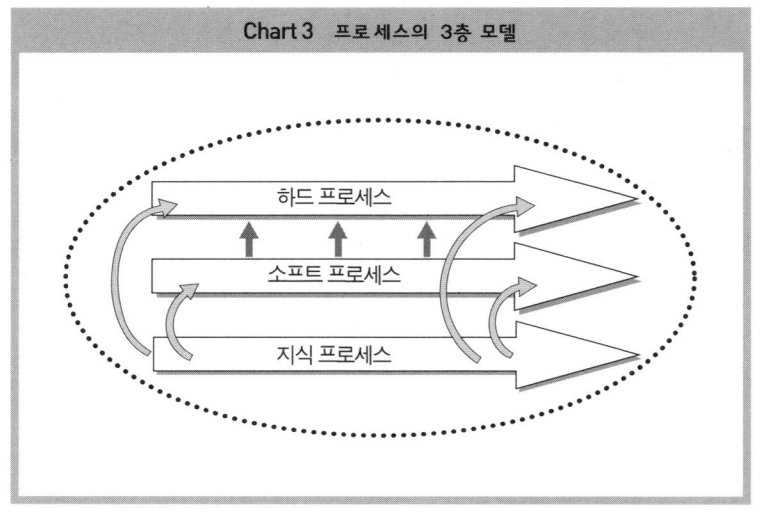

조직이 있다해도 사람들이 변하지 않으면 효과가 반감된다는 경우도 있다는 것을 우리는 경험을 통해 잘 알고 있다. 바꿔 말하면 인재의 적재적소 배치 여부가 지식 프로세스의 수준을 결정하게 되며 하드 프로세스 및 소프트 프로세스의 성과에 영향을 미치게 된다. 적재적소의 프로세스는 타인과 비교하는 편차적인 개인의 능력만이 아니라 개인의 능력과 업무 능력을 어떻게 조화시킬 것인지가 문제이다. 예를 들면 뛰어난 육상 선수가 멀리 뛰기와 100미터 단거리 경주가 아니라 42.195Km를 달리는 마라톤 경기에 출전하는 경우와 마찬가지로 업무에 대한 개인의 적성이 대단히 중요한 것이다.

프로세스란 무엇인가?

전략이 결정되었다하더라도 실천하지 않으면 의미가 없으며 실제 행동으로 옮겨서 그 성과를 이루지 못한다면 경영의 좋고 나쁨을 평가할 수 없다. 이러한 활동과 성과의 '패턴을 표시한 것'이 기업의 기본적인 활동을 표시하는 프로세스라고 할 수 있다. 기본적인 프로세스를 표시하면 Chart 4와 같이 나타낼 수 있다.

기본적인 프로세스의 흐름은 SIPOC(시포크)라고 불린다. Chart 4에서 보듯이 공급(Supply)에서부터 시작하여 인풋(Input), 프로세스(Process), 아웃풋(Output), 고객(Customer)까지의 화살표(→) 부분은 실제 기업 활동을 의미하고 있다.

주변 환경이 변화하고 있는 오늘날 중요한 점은 시장 진입 방법을 토대로 고객의 니즈를 프로세스에 어떻게 도입하여 프로세스를 개선하고 개혁하는 가이다. Chart 4의 고객으로부터 피드백하

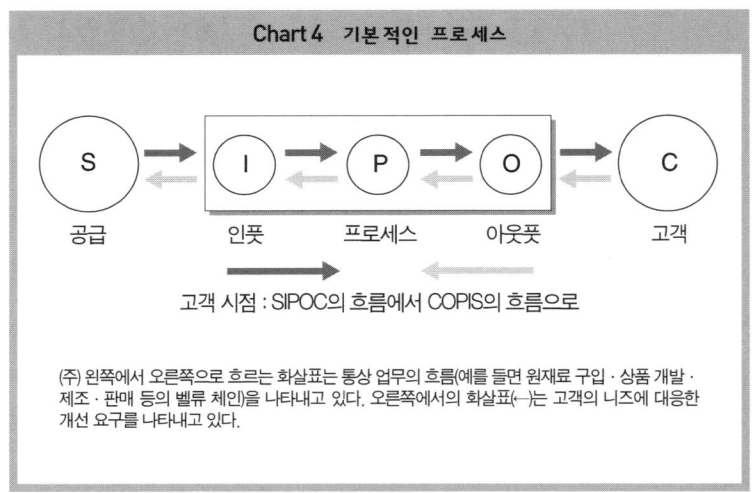

여 공급에 이르기까지 화살표(←)로 표시된 변혁 활동이 COPIS(코피스)이다.

프로세스 흐름도 작성 방법

Chart 4의 기본적인 프로세스를 표시한 것처럼 기업 활동을 ○로 표시하고 그 흐름을 화살표(→)로 표시한 방법도 있다. 이 책에서는 기업 활동을 ☐에 표시하는 방법을 원칙으로 한다. 기본적인 기호에 대해서는 Chart 5에 표시한 대로 한다.

프로세스 흐름도는 업계, 전문, 기업, 목적 등에 따라 프로세스

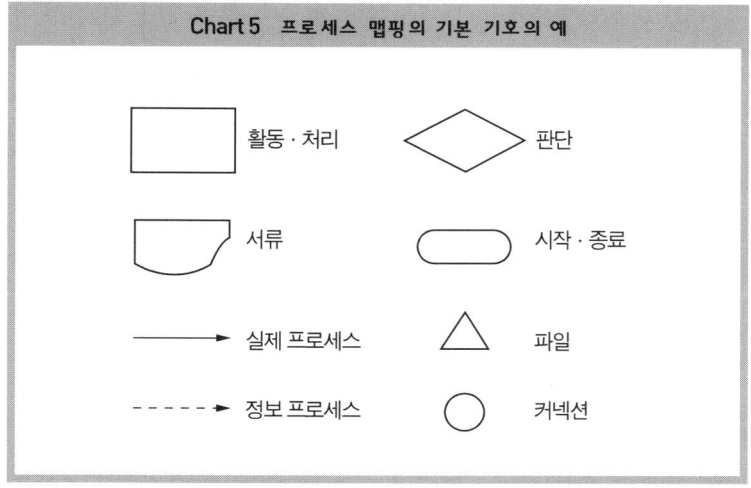

맵핑, 매니지먼트 모델, 업무 모델, 프로세스 분석, 플로 차트 등 호칭이 각기 다양하다(Chart 6, Chart 7, Chart 8, Chart 9 참조). 기호의 의미와 그 내용을 기술하는 방법이 각기 다르며 여러 가지 특징이 있다. 기본적인 공통점은 흐름을 화살표로 표시하고 활동은 좌측에서 우측으로, 그리고 위쪽에서 아래쪽으로 흐르도록 표시한다는 것이다.

Chart 6 프로세스 맵핑의 특징은 Chart 4의 기본적인 프로세스 흐름도에 컨트롤 요소와 피드백 그룹을 추가하여 프로세스 매니지먼트를 표현하고 있다는 것이다. 보다 구체적으로 말하자면 매니지먼트가 가능할 수 있도록 프로세스 명칭, 프로세스 책임자(프로세스 오너라고 부른다), 프로세스의 목적, 프로세스의 평가기준과

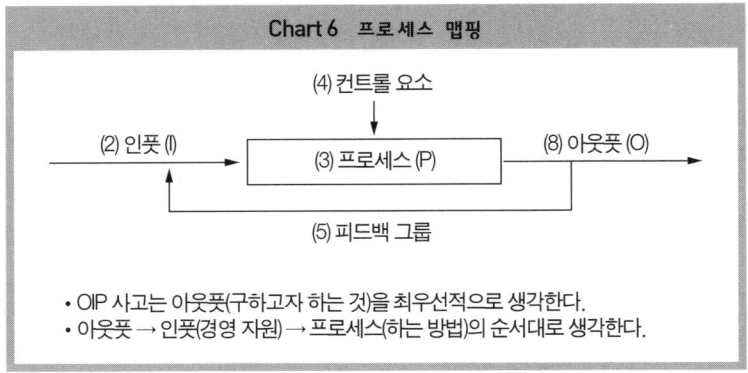

측정 지표, 프로세스의 과제, 관련 부서와 담당자 이름 등이 명확하게 표현된 활동 지도인 셈이다. 경영 계획을 예로 하여 프로세스 매니지먼트를 표시한 것이 매니지먼트 모델(Chart 7 참조)이다.

Chart 8은 일반 가정에서의 컵라면 조리 방법을 상세한 공정도로 표시하여 프로세스를 분석한 사례이다.

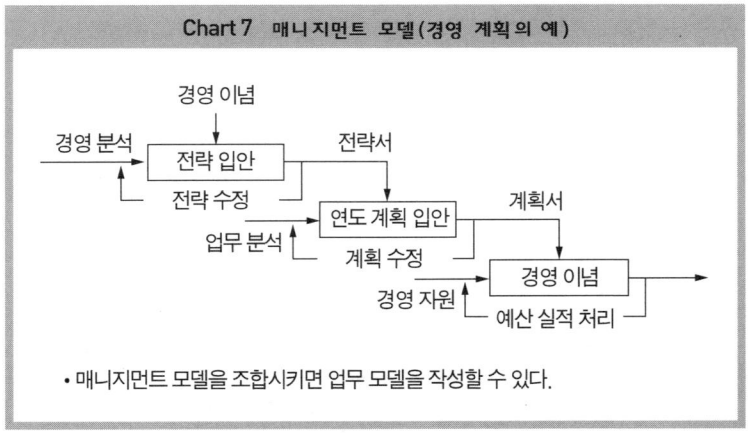

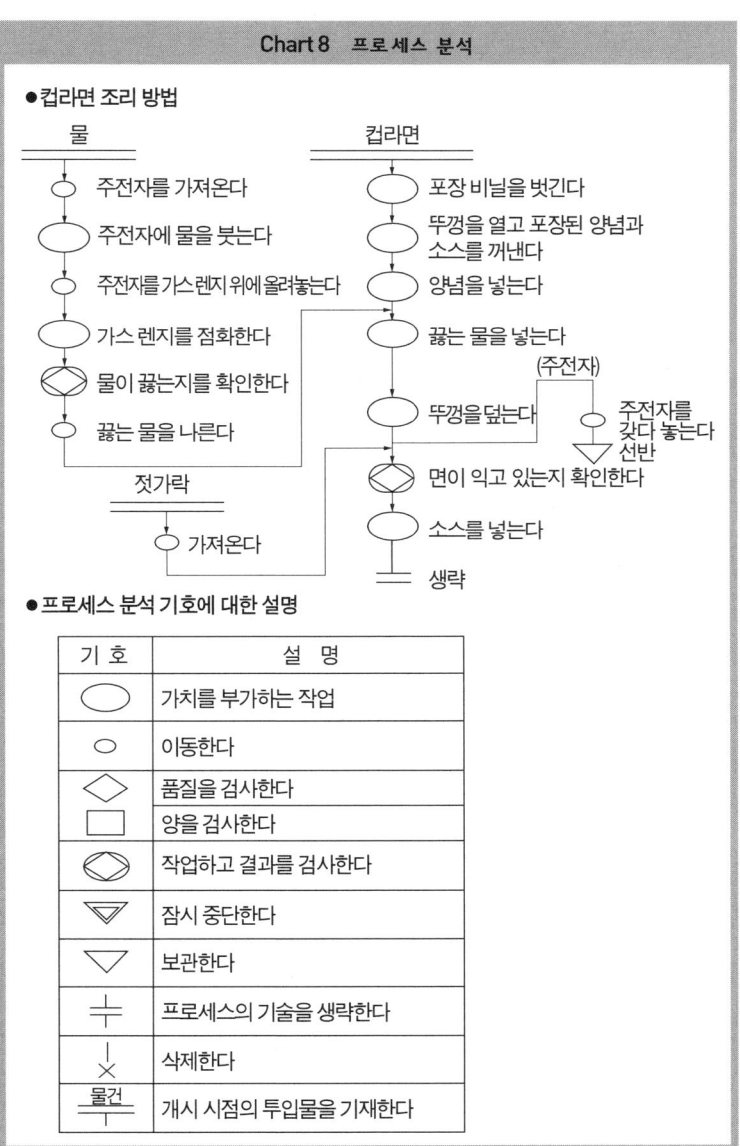

한편 기업의 밸류 체인의 흐름을 담당 부서별로 표시하면 Chart 9와 같이 영업 회의부터 제품 출하에 이르기까지 플로 차트로 표시할 수 있다.

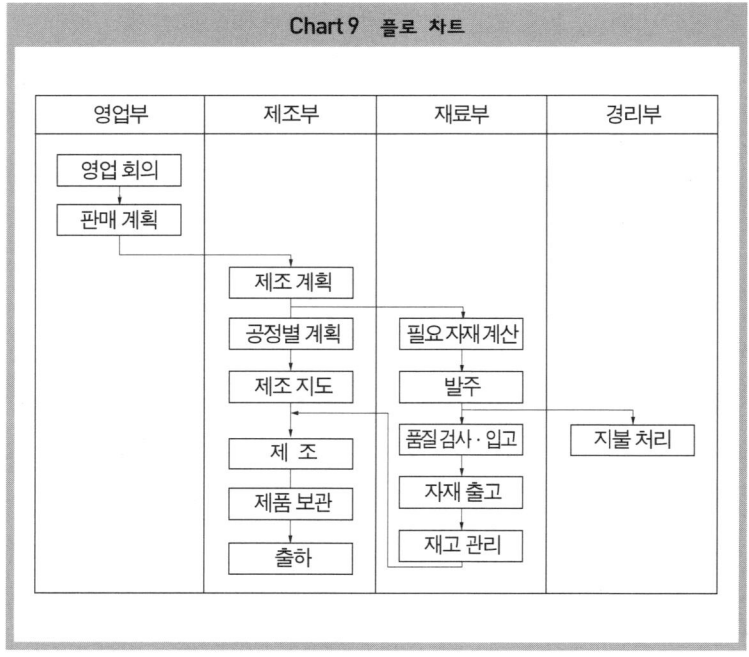

프로세스란

'프로세스'에 대해 사전에 실린 정의를 살펴보면 다음과 같다.

1. (조직적·체계적인) 일련의 조치, 방법(단계를 따라 추구하는

목표에 도달하는), 처리 방식이나 순서, 제조법, 공정
2. 많은 변화를 포함하는 일련의 작용, 과정
3. 전진, 진행, 진전
4. 계속 진행되어 가는 상태
5. 현재 진행 중인 일, 진척되어감
6. (시간의) 경과, 추이, 흐름
7. 기타, 법률, 사진, 생물, 해부시에 전용으로 사용되는 의미

이 책에서 다루는 프로세스는 주로 비즈니스상의 프로세스이므로 1번의 정의 '(조직적·체계적인) 일련의 조치, 방법(단계를 따라 추구하는 목표에 도달하는), 처리 방식이나 순서, 제조법, 공정'으로 생각할 수 있다. 바꿔 말하면 무언가로부터 가치 창조한다는 목적을 가지고 일련의 활동을 하는 것이라고 할 수 있다. 결국 다음과 같이 정의할 수 있다. "**프로세스란 일정한 목적을 달성하기 위해 관련 기능을 (최적의) 루트로 연결한 활동의 연속을 말한다.**" 프로세스에는 목적, 중요한 성공 요인, 활동, 루트 등이 포함된다. 따라서 프로세스는 측정지표에 의해 평가될 필요가 있다.
다음 두 가지 프로세스의 예를 살펴보자.

1) 경영 품질이 높은 프로세스
일정한 품질 기준에 적합(적합 품질)할 뿐만 아니라 이해관계자

들이 인지(평가)하는 품질(지각 품질)을 지닌 가치를 창조하는(고객 가치, 종업원 가치, 비즈니스 파트너 가치, 경영자 가치, 주주 가치, 사회 가치 등의 창조) 활동의 연속이 되지 않으면 안 된다. 다시 말하자면 경영 시스템 전체의 우수함을 보장할 수 있는 최적의 프로세스를 의미한다.

2) CS(Customer Satisfaction) 경영의 프로세스

프로세스는 고객이 인지(평가)하는 품질(적합 품질을 초월한 지각 품질)을 가지고 고객이 원하는 가치를 창조하는 활동(고객 가치 창조)이 되어야 한다. 따라서 프로세스의 결과로서 고객 만족이 증대되는 것이다.

프로세스의 기본 이념

앞에서 언급한 프로세스의 정의에 따라 프로세스는 다음과 같은 11가지 요소를 가지고 있음을 알 수 있다.

1) 목적을 가지고 있다.
2) 인풋과 아웃풋이 있다.
3) 목적을 달성하기 위한 흐름이 있다.

4) 목적을 달성하는 공정은 고정적이지 않으며 다른 공정으로 교체될 수 있다.
5) 1회 이상의 흐름으로서 반복할 수 있다.
6) 공정의 효과를 측정(분석·평가)할 수 있다.
7) 아웃풋의 효과를 예측할 수 있다.
8) 인풋을 선택할 수 있다.
9) 시작과 끝이 있다.
10) 단계별 분류를 통해 각 활동을 상세한 프로세스로 분해할 수 있다.
11) 기타 프로세스와 인풋 및 아웃풋을 공유할 수 있다.

이러한 프로세스의 기본 개념을 이해하는 것으로부터 시작하여 담당 업무 활동의 현상 분석이 명확해지며 효율적으로 연결될 수 있다.

특히 프로세스가 가지고 있는 4가지 기본적인 성질에 관하여 설명하기로 한다.

1) 설명이 가능하다(정의).
2) 반복이 가능하다(반복).
3) 측정이 가능하다(분석·평가).
4) 결과 파악이 가능하다(예측).

1) 설명이 가능하다. 해당 프로세스의 의미와 내용을 이러한 것이라고 분명하게 정의하는 것을 의미한다. 즉 해당 프로세스의 목적과 구성하고 있는 일련의 활동을 상세하게 설명하여 능력을 수치화하는 평가기준, 지표, 기대 결과 등을 명확히 할 수 있다.

시계를 제작하는 간단한 사례를 살펴보자. 그 프로세스의 목적은 시계를 만드는 것이다. 시계 제작 프로세스는 기획, 설계, 제조, 출하 등 시계를 제작하기 위한 일련의 활동이다. 평가기준·지표는 기획에서부터 제품 출하에 이르기까지 걸리는 시간, 제조 중 불량품으로 판정되어 폐기되는 시계의 수 또는 전체 제조 숫자 대비 불량품 비율, 재고 회전 기간 등이 될 수 있다.

시계 제작과 같은 제조업은 프로세스의 개념을 갖기가 쉬울 것이다. 그러나 서비스업, 영업 활동, 연구 부문 등에 있어서도 뭔가 가치를 창조하는 일련의 활동은 모두 프로세스로 정의할 수 있다.

2) 반복이 가능하다는 것은 해당 프로세스를 몇 번씩 반복해도 그 프로세스 원래의 내용이 변하지 않는 것이라고 할 수 있다. 실제로 프로세스의 결과는 사전에 정의된 일정한 오차 범위 내에서 동일하게 나타나는 것이다.

시계를 제작하는 프로세스에서는 정의된 활동을 반복함에 따라 동일한 시계가 제작된다. 물론 기획·설계의 단계에서 차이가 있었다면 서로 다른 시계가 생산될 것이다. 통계학적으로 완전히 동일한 경우는 매우 드물기 때문에 일정한 오차 범위 내에서 동일한 시계가 생산되는 것이다.

3) 측정 가능하다는 것은 그 프로세스의 정의를 정량적으로 측정하고 그 내용을 분석·평가하는 일이 가능하다는 의미이다. 예를 들면 프로세스란 일련의 활동을 나타내므로 그 프로세스의 시작에서부터 끝까지 걸리는 시간, 프로세스의 능력을 표시하는 수치화된 평가기준이나 지표로 측정할 수 있다.

시계 제작의 경우를 예로 들자면 기획에서부터 제품 출하에 이르기까지 걸리는 사이클타임, 제조 중 불량 판정을 받아 폐기되는 시계의 불량률 등을 측정할 수 있다.

4) 결과 파악이 가능하다는 것은 해당 프로세스의 아웃풋, 즉 프로세스로부터 어떤 것이 나올지를 예측할 수 있다는 것이다. 즉, 일정한 인풋으로부터 일정한 아웃풋이 나온다는 것을 의미한다. 앞에서 언급한 시계를 만드는 프로세스의 결과로 시계가 생산되어 나올 것이라고 예측할 수 있다. 즉 그 프로세스에서 자동차나 카메라는 절대로 나올 수 없다.

▎프로세스의 업적 평가 체계

고객 가치 창조 프로세스를 위해서는 프로세스를 항상 분석·평가하고 재검토하지 않으면 안 된다(Chart 10 참조). 이를 위해서

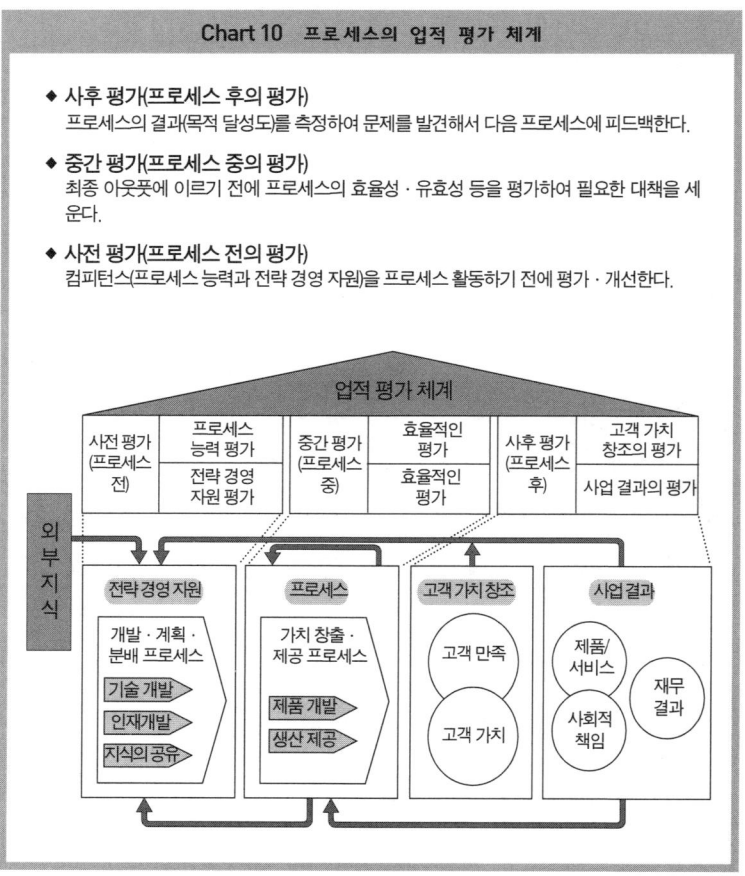

는 재무지표와 기타 성과지표의 분석·평가에 머물지 말고 성과가 좋지 않을 경우 신속하게 조치를 취해 프로젝트의 중단을 포함하여 각종 대책을 강구하기 위한(프로세스 중) 평가가 중요하다. 환경 변화가 심한 오늘날 프로젝트 도중 또는 종료 후의 평가에

의한 피드백으로는 커다란 효과를 기대하기 어렵고 특히 비즈니스 모델의 구축을 포함하여 사람, 자원, 자본, 정보, 시기, 기업 문화, 비즈니스 파트너, 환경 등의 전략 경영 자원을 개발·활용한 사전 평가가 중요하다.

▎프로세스의 활용

특정 기업 활동의 흐름(프로세스)을 눈으로 볼 수 있도록 도표로 나타내면 프로세스를 이해하는 데 매우 효과적이다. 특히 특정 프로세스 전체를 마치 지도처럼 나타낸 프로세스 맵핑은 프로세스 매니지먼트와 경영 개혁의 토대가 된다. 프로세스 맵핑은 기업 활동을 표시하는 것이기 때문에 Chart 6, Chart 7, Chart 8, Chart 9에서 볼 수 있듯이 그 작성 방법이 매우 다양하다. 따라서 목적, 담당자, 평가기준, 기법, 능력 등 다방면에 걸친 효과들을 목록으로 작성할 수 있다.

즉 프로세스 맵핑에 의해 프로세스 전체를 이해할 수 있기 때문에 프로세스를 잘 활용할 수 있다. 프로세스 맵핑의 활용 목적은 여러 가지가 있다. 프로세스 활용을 촉진하는 수단, 즉 지렛대 역할로 효과를 증대시키는 열쇠(흔히 '원동력'이라고 불린다)를 명확히 함으로써 목적 달성의 루트를 발견하여 베스트 프랙티스를 결정할 수 있다. 프로세스의 활용을 촉진시킨다는 점에서 프로세스 맵핑의 본질을 Chart 11로 정리해 보았다.

Chart 11에 명시된 프로세스 맵핑의 목적을 달성하기 위한 중요한 성공 요인(CSF ; Critical Success Factor)은 드라이버를 열쇠로 하여

Chart 11 프로세스 맵핑의 본질

목 적	드라이버
1. 활동 내비게이터	1. 고객 가치 창조
2. 활동을 명확하게 파악한다	2. 전략과 주요 시책
3. 목적을 이해할 수 있다	3. 정의와 주요 성공 요인
4. 상대에게 이해시키기 쉽다	4. 평가기준
5. 정보의 공유화가 가능하다	5. 측정 지표
6. 개선할 점이 보인다	6. 층별 구조 분석과 전체 최적 · 부분 최적
7. 베스트 프랙티스와 비교가 가능하다	7. 벤치마킹
8. 커뮤니케이션의 토대	8. 프로세스 사고와 요소 분석
9. 권한 위임	9. 효율성 · 효과 분석

Chart 12 프로세스 맵핑의 CSF(중요 성공 요인)

CSF는 8W 3H로 표현할 수 있다.
1. 활동의 주체 ···Who   누가 그 활동을 하는가?
2. 활동의 내용 ···What   어떤 활동을 하는가?
3. 활동의 흐름 ···How   활동하는 방법(흐름)이 어떻게 되어 있는가?
4. 활동의 장소 ···Where   어디서 활동이 이루어지고 있는가?
5. 활동의 시기 ···When   활동이 언제 시작해서 언제 끝나는가?
6. 활동의 대상 ···Whom   누구를 위한 활동인가?
7. 활동의 이유 ···Why   무엇 때문에 하는 활동인가?
8. 활동의 선택 ···Which   어떤 활동인가?
9. 활동의 소속 ···Whose   누구의 활동인가?
10. 활동의 비용 ···How Much   어느 정도의 활동 비용이 드는가?
11. 활동의 빈도 ···How Often 활동을 몇 번 하는가?

8W 3H의 시각에서 생각해보면 명확하게 이해할 수 있다(Chart 12).

기업 활동을 표시한 프로세스 맵핑은 조직 능력을 향상시킬 수 있는 컴피턴스(Competence ; 능력)를 반영하는 것이 아니면 안 된다. 이를 위해서는 Chart 12에 나타나 있는 것처럼 활동의 주체로부터 시작하는 8W 3H의 시점에서 접근하는 것이 효과적이다. 즉 전략 실행 수준(8W 3H)에 어떻게 포함시킬 것인가 다시 말해 구체적인 활동 단계로 설명할 수 있는가가 핵심이다.

프로세스의 분류

프로세스 맵핑이 하나라도 있는 프로세스의 분류도에 대해 설명해보자. 이미 언급한 대로 밸류 체인의 사고방식을 근본적으로 이해하기 위해 크게 기간 업무 프로세스와 지원 업무 프로세스로 나눌 수 있다. 그러나 변화의 시대에 직면한 많은 경영자들이 기간 업무와 지원 업무만으로 현재의 경쟁에서 승리한다는 것은 지극히 어려운 일이라고 생각할 것이다. 기업이 이익을 올려 생존하고 성장하기 위해서는 현재 및 장래의 고객들이 바라는 고객 가치를 창조하지 않으면 안 된다. 이를 위해서는 기업의 전 부문 또는 전 사원뿐만 아니라 외부의 협력자들을 모두 포함한 '총체적 품질 향상' '총체적 비용 절감' '총체적 사이클타임 단축'을 달성할 수 있는 프로세스를 구축하는 것이 중요하다. 이러한 외부 협력자와의 프로세스를 비즈니스 파트너 프로세스라고 부른다.

다시 말해 전체 프로세스(기간 업무 프로세스, 지원 업무 프로세스, 비즈니스 파트너 프로세스)의 능력(총체적 컴피턴스)을 최대한 활용하기 위해서는 이 3개의 프로세스가 적합한 형태로 기업 활동의 PDCA 사이클을 적절하게 순환시키지 않으면 안 된다.

1. 기간 업무 프로세스

미국의 APQC(미국 생산성 품질 센터)와 아서 앤더슨이 공동 개발한 기업 프로세스의 표준 분류에 따르면 기간 업무 프로세스는 7개의 활동으로 이루어진다.

1. 시장과 고객을 이해하는 활동에는 1) 고객의 니즈와 욕구의 결정, 2) 고객 만족도의 측정, 3) 시장 또는 고객의 기대 변화를 모니터하는 것이 있다.
2. 비전과 전략 수립 활동에는 1) 외부 환경 변화의 모니터, 2) 사업 컨셉과 조직 전략의 수립, 3) 단위 조직간의 관계 및 조직 구조의 설계, 4) 조직 목표의 검토 및 설정이 있다.
3. 제품과 서비스의 설계 활동에는 1) 신제품/서비스의 컨셉 구상과 계획의 입안, 2) 시제품(프로토 타입)의 설계, 시제품 제작과 평가, 3) 기존 제품/서비스의 세련화, 4) 새로운 또는 개선된 제품/서비스의 유효성 테스트, 5) 제품 제조와 서비스

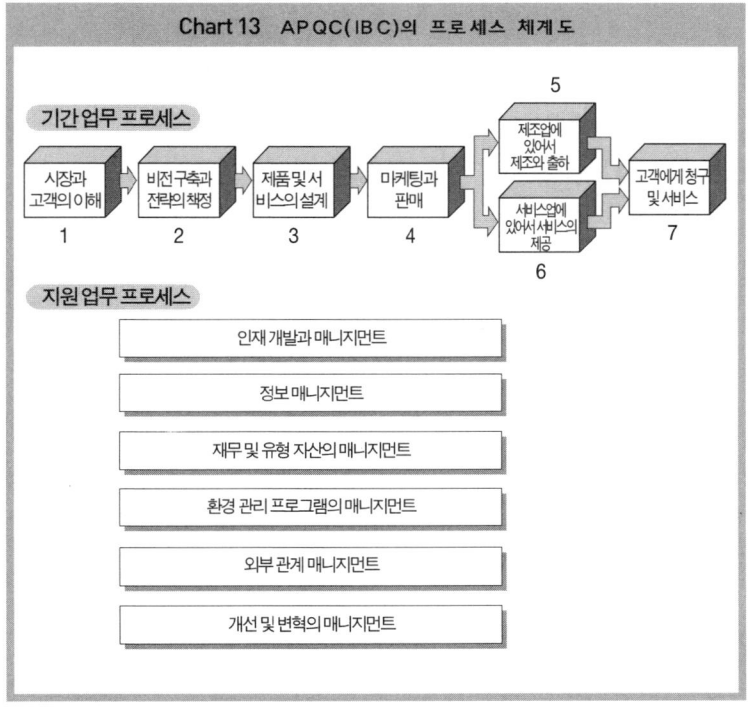

제공 준비, 6) 제품/서비스의 개발 프로세스 관리가 있다.

4. 마케팅과 판매 활동에는 1) 제품/서비스 고객군에 따른 마케팅, 2) 고객으로부터의 주문 처리가 있다.

5. 제조업에 있어서 제조와 출하 활동에는 1) 필요한 자원 계획의 입안과 자원의 획득, 2) 자원을 제품으로 전환, 3) 출하, 4) 제조와 출하 프로세스의 매니지먼트가 있다.

6. 서비스업에 있어서 서비스의 제공 활동에는 1) 필요한 자원 계

획의 입안과 자원의 확보, 2) 인재의 스킬(Skill, 기술) 개발, 3) 고객에게 서비스 제공, 4) 서비스 품질 보증을 실시한다.
7. 고객에게 **청구**와 **서비스**하는 활동에는 1) 고객에게 청구, 2) 애프터 서비스 제공, 3) 고객의 문의에 대한 응대 등이 있다.

2. 지원 업무 프로세스

Chart 13의 하단부에 기술되어 있는 것이 표준적인 지원 업무 프로세스이다. 구체적으로 다음 6가지 활동으로 이루어진다.

8. 인재 개발 매니지먼트의 활동에는 1) 인재 전략의 수립, 2) 전략의 현장에서의 전개, 3) 인사 매니지먼트, 4) 인재 교육, 훈련, 개발, 5) 사원들의 실적 평가와 그에 따른 보상, 6) 사원의 후생복지와 만족도 향상, 7) 사원 참가의 보증, 8) 노사 관계 매지니먼트, 9) 인재 정보 시스템을 구축하는 것 등이 있다.
9. **정보 매니지먼트** 활동에는 1) 정보 매니지먼트의 계획, 2) 사업 지원 시스템의 개발 및 전개, 3) 안전과 통제 시스템의 도입, 4) 정보의 축적과 검색, 5) 설비와 네트워크 운영 매니지먼트, 6) 정보 서비스의 매니지먼트, 7) 정보 공유와 커뮤니케이션의 촉진, 8) 정보의 품질 평가와 감사 실행이 있다.
10. **재무와 유형 자산의 매니지먼트**의 활동에는 1) 재무 매니지먼트, 2) 재무 회계 거래의 처리, 3) 회계 보고, 4) 내부 감사의 실시, 5) 세무처리, 6) 유형 자산의 매니지먼트 실행

등이 있다.
11. 환경 관리 프로그램 매니지먼트의 활동에는 1) 환경 관리 전략의 수립, 2) 규칙 준수의 확인, 3) 사원의 교육 훈련, 4) 오염 방지 프로그램의 실시, 5) 환경 보전 프로그램의 실시, 6) 비상사태 대응 프로그램의 실시, 7) 정부, 시청, 언론에의 대응, 8) 자원의 확보/폐기에 관한 대응, 9) 환경에 관한 정보 시스템의 개발과 매니지먼트, 10) 환경 매니지먼트에 관한 프로그램의 모니터 실시 등이 있다.
12. 외부 관계 매니지먼트 활동으로는 1) 주주들과의 의사소통, 2) 정부, 관청 관계의 대응, 3) 채권자들과의 관계 구축, 4) 언론과의 대응, 5) 이사회와의 인터페이스, 6) 지역공동체와의 관계 구축, 7) 법률 및 윤리적 문제에 대한 대응 등이 있다.
13. 개선과 개혁 매니지먼트 활동으로는 1) 조직의 실적 측정, 2) 품질 평가 실시, 3) 벤치마킹 실시, 4) 프로세스와 시스템의 개선, 5) TQM(종합 품질 관리) 실시 등이 있다.

지원 업무 프로세스는 어디까지나 기간 업무 프로세스를 지원하는 프로세스이다. 따라서 기간 업무 자체가 고객 가치를 증대시키고 확대시키는 것을 목적으로 하는 것과 비교하여 지원 업무 프로세스 자체가 증가되는 것은 피해야 하는 것이다. 지원 업무 프로세스의 고객은 기간 업무 프로세스이기 때문에 사내의 요구를 토대로 기간 업무 프로세스의 능력을 높여 효율을 향상시킬 수 있도록 지원 업무 프로세스를 재설계·통합·조정 등을 하지 않으면 안 된다.

3. 비즈니스 파트너 프로세스

오늘날 가격파괴 등 경쟁이 치열하게 일어나고 있는 상황에서 내부에서 제조하지 않고 아웃소싱하는 기업이 증가하고 있으며 구입품의 코스트 절감을 위해 비즈니스 파트너와의 관계 프로세스가 중요해지고 있다. 내부에서 제조할 것인가 외부에 아웃소싱할 것인가는 사내에서 할 것인지 아니면 외부에 맡길 것인지라는 점만 틀릴뿐 기간 업무 프로세스 또는 지원 업무 프로세스를 통해 고객에게 제품 및 서비스를 제공한다는 기업 목적에서 보면(즉 고객 만족을 목표로 삼는다면) 양자는 완전히 동일한 것이다.

다만 전략적으로 보면 과잉 인력, 기술의 외부 유출, 품질관리 등의 문제를 해결하지 않으면 안 된다.

프로세스 매니지먼트의 사고방식

앞에서 언급한 다양한 특색을 지닌 프로세스를 목적을 달성할 수 있는 형식으로 경영 관리하는 것이 프로세스 매니지먼트이다. 이 경우에 경영 관리라는 것은 현재 기대되는 상황과 수준을 유지하는 것이 주된 목적이지만 그뿐만 아니라 점진적, 연속적인 변화에 대응하는 개선, 불연속적이고 도전적인 목표와 혁신을 향한 도전(4장, 5장 참조)까지도 포함하는 것이다.

정의

프로세스 매니지먼트에서 매니지먼트의 의미는 1. 취급 방법, 조작, 처리, 경영, 관리, 감독, 단속. 2. 경영 수완, 관리 수완, 운영력, 경영력, 행정력. 3, 경영자, 관리자 등이다.

프로세스 매니지먼트란 앞에서 설명한 프로세스 즉 "(조직적·체계적인) 일련의 조치, 방법(단계에 따라 목표를 달성하는), 수행방법, 순서, 특정한 목적을 가지고 있는 일련의 활동"을 취급하는 것이다. 여기서 취급한다는 의미는 관리, 경영, 감독을 포함한다. 즉, 프로세스를 정의하고 거기에 따라 활동을 수행하며, 적절한 평가기준 및 지표에 따라 측정하고, 필요에 부응하여 개선·개혁 활동을 행하는 것이라고 할 수 있다.

이러한 프로세스 매니지먼트를 적절하게 수행하기 위해서는 다음 두 가지 측면의 요인을 명확히 하여 임하는 것이 필요하다.

1. 프로세스 구조를 이해한다
   - 프로세스 전체에서 이루어지는 활동의 정의
   - 프로세스의 제반 활동에 있어서 입력되는 내용
   - 프로세스 중에서 이루어지고 있는 활동 내용
   - 활동을 구성하는 작업
   - 프로세스의 제반 활동으로부터 출력되는 내용
   - 프로세스 전체의 구조와 프로세스 중에서 이루어지고 있는 활동 및 작업의 흐름(프로세스 맵핑)의 이해

앞 절에서 논한 프로세스의 11가지 요소를 토대로 하여 프로세

스 전체의 구성과 정보 및 지식의 흐름을 분석하고 이해하여 대상 프로세스의 성숙도를 파악하지 않으면 안 된다.

2. 매니지먼트의 시점을 명확하게 이해한다
- 프로세스의 책임자를 지명한다
- 프로세스에 관한 조직의 역할 분담 및 경계를 명확히 한다
- 내·외부 고객이 요구하는 품질(적합 품질과 지각 품질)을 인식한다
- 요구하는 품질에 관하여 결과 측정의 방법을 명확히 한다
- PDCA(Plan-Do-Check-Action) 사이클에 따른 실행과 피드백을 행한다
- 분석·평가의 시각을 명확히 한다
- 점검·예방 조치를 구성한다

앞 절에서 설명한 프로세스의 4가지 기본적인 성질을 이해하여 프로세스의 목적을 명확히 하고 이것을 달성하기 위한 중요한 성공 요인이 무엇인가를 고려하는 시각이 중요하다. 즉 Chart 11, Chart 12의 활용을 매니지먼트의 시각으로 하는 것이다.

목적

프로세스 매니지먼트의 목적은 기업을 성공으로 이끄는 것이다. 일반적으로 기업의 성공 요인 3가지를 든다면 리더십은 별개의 요소로 치고 QCT(Quality, Cost, Cycle Time ; 품질, 비용, 공정 시간)라고 이야기할 수 있다. '품질'에 있어서는 제품과 서비스의 품질은 물론 경영 전체 시스템의 질도 포함된다. '비용'은 가치와 가격, 그리고 그 원가를 표시하고, '공정 시간'이란 기업 활동의 타이밍과 리드 타임, 납기 등의 시간을 의미한다. D(납기)를 강조하여 왜 QCD라고 말하지 않는가 하면 납기는 제품이 고객에게 전달될 때까지의 시간을 의미하며 사업상 대단히 중요한 요인이지만 사실은 여러 가지 사이클타임이 합산된 것이다. 처음부터 납기까지의 시간은 물론 납기 후의 고객 응대 등도 중요한 것이다. 물론 고객의 니즈를 최대한 빨리 포착하는가 포착하지 못하는 가도 사이클타임에 포함된다.

즉 프로세스 매니지먼트는 부분적인 최적 관리로는 효과를 높일 수 없다. 이것을 이해하는 것이 중요하다. 부문적인 최적 사고로는 부문마다 차이가 있고 부문에 따라 특화되는 경향이 있다. 예를 들면 부분적 사고에 의하면 성과가 뛰어난 특정 부분에만 돈이 집중되게 된다. 그러나 전체 최적 사고에 따르면 부분적으로 뛰어난 성과를 낸다고 해도 "부문 최적으로는 결코 보너스를 받을 수 없다" "잘 하지 못하는 사람들에게 평준화를 위해 노하우를 가르쳐준다. 그리고 가르침에 따른 성과를 토대로 보너스를 지불한다"는 식의 사고방식이 파급되게 된다. "그저 일부분만 좋다고 말하는 것은 안 된다. 조직 전체가 최우선적으로 고객을 기쁘게 하는 것이 무엇일까?"라는 시각에서 보아야 한다.

교육, 연수, 프로세스의 예를 들면 환경이 변하고 있는 현실임에도 불구하고 연수 내용이 10년 전이나 지금이나 거의 동일한 것을 보면 이상한 생각마저 든다. 작년과 금년 사이에 어떤 변화가 있었다면 교육 내용도 분명히 바뀌어야 한다. 예를 들어 환경 변화에 따라 기존의 내용이 8할 정도밖에 적절하지 못함에도 불구하고 연수 내용이 전혀 변하지 않는다면 효과는 그 만큼 줄어들 것이다. 연수 책임자가 고객이 변하고 있다고 생각하면서도 거기에 상관하지 않고 연수 방법을 바꾸지 않으면 문제가 있다. 변화에 순응할 때 자연히 고객들은 만족한다. 고객이 바라고 있는 가치에 부응하여 변하는 것이 포터가 이야기하고 있는 진정한 밸류체인(Value Chain)이다.

혼자서 자영업을 하고 있는 경우를 생각하면 쉽게 이해할 수 있다. 고객들은 만족하지 않으면 내일부터는 아무도 오지 않을 것이다. 다만 그것이 10명, 100명, 1,000명의 기업 조직이라면 상황을 파악하기가 쉽지 않을 것이다.

즉, 관계자가 기업 조직 전체를 이해하고 겸허하고 현명하게 변화에 대응해나가는 것이 프로세스 지향, 경영 품질 개선 사고, 그리고 프로세스 매니지먼트 사고방식이다. 프로세스 매니지먼트의 구체적인 수행 방법에 대해서는 다음 장에서 설명하겠다.

프로세스 매니지먼트는 우선 경영 전체를 본다. 고객들로부터 리더십을 발휘하여 조직을 고객 주도의 방향으로 이끌어 간다. 전략을 수립하고, 경영 계획을 설정한다. 그리고 인재를 육성한다. 일상적인 업무의 흐름을 경영 전체의 시각에서 이끌어 나간다. 이것이 바로 프로세스 매니지먼트인 것이다.

프로세스 매니지먼트의 기초

02

프로세스의 성질과 프로세스 매니지먼트
프로세스의 성질과 프로세스 체인
프로세스 맵핑
프로세스 맵핑의 연습

프로세스의 성질과
프로세스 매니지먼트

'비즈니스 프로세스' '기간 업무 프로세스' '지원 업무 프로세스' '경영 품질 향상 프로세스' 'CS 경영 프로세스' 등 지금까지 거시적인 시각에서 프로세스를 논의했다. 이제 프로세스 그 자체에 대해 미시적인 시각에서 생각해보자. 예를 들면 기간 업무 프로세스(Chart 13 참조)를 구성하고 있는 7가지 활동 역시 프로세스인 것이다. 이 7가지 프로세스 중 '시장 및 고객의 이해'도 프로세스이며 그 프로세스를 형성하고 있는 세 가지 요소 역시 프로세스이다(1장 참조).

1장에서 프로세스란 "일정한 목적을 달성하기 위해 관련 기능을 최적의 루트로 연결한 활동의 연쇄"로 정의했다. 프로세스의 개념을 이해하기 위해서는 이러한 연쇄 활동 중 하나를 편의상 하나의 블록으로 표시해보자(Chart 14 참조). 우리 주변에서 쉽게 볼 수 있는 프로세스의 예를 들기로 하겠다.

- 케이크를 만든다
- 레스토랑에서 고객들에게 주문을 받는다
- 고객의 불만을 해결한다

또한 APQC가 정의하고 있는 기간 업무 프로세스의 관점에서는 다음과 같은 프로세스를 예로 들 수 있다.

- 고객의 니즈와 욕구의 결정
- 장기적 전략의 수립
- 제품·서비스 형태의 결정

활동의 연쇄를 편의상 표시한 하나의 블록을 프로세스로 본다. 앞으로 이러한 블록을 프로세스라고 부르겠다. 이 프로세스는 1장에서 설명한 것처럼 네 가지 기본적인 성질을 가지고 있다.

1) 정의가 가능하다(정의 가능)
2) 반복이 가능하다(반복 가능)
3) 측정이 가능하다(측정 가능)
4) 결과 예측이 가능하다(예측 가능)

다음은 우리 주변의 프로세스 예와 기간 업무 프로세스의 예부터 하나씩 설명하기로 한다.

'케이크를 만드는' 경우에 있어서 정의는 이 프로세스는 케이크를 만드는 것이다. 반복은 이 프로세스는 몇 번이든 반복할 수 있다. 측정은 이 프로세스 도중 케이크가 만들어지는 상태를 측정할 수 있고 만들어진 케이크의 크기, 색, 맛 등을 측정할 수 있다. 마지막으로 예측은 이 프로세스를 통해 케이크가 만들어진다고 예측할 수 있다. 또한 '장기적 전략 수립'에 있어서 정의는 이 프로세스는 장기적 전략을 수립하는 것이다. 반복은 이 프로세스에 따라 몇 번이라도 장기적 전략을 수립할 수 있다. 측정은 이 프로세스 도중 장기적 전략 수립이 이루어지는 상태를 측정할 수 있고 수립된 장기적 전략의 결함 정도, 즉 실행 가능성, 그리고 장기적 전략 수립에 걸리는 시간 등을 측정 할 수 있다. 마지막으로 예측은 이 프로세스로 장기적 전략이 수립된다고 예측할 수 있다.

프로세스에는 입력과 출력이 있다. 바꿔 말하면 입구와 출구가 된다. 프로세스의 입력 원천을 '공급업체(Supplier)' '도입선' '전(前)공정' 등으로 부를 수도 있다. 한편 출력부는 '커스터머(Customer)' '고객' 이라든지 '다음 공정' 등으로 부르기도 한다. 프로세스가 제공하는 가치의 수혜자, 즉 최종 사용자 또는 최종 고객은 반드시 이러한 프로세스의 바로 앞에 있는 것만은 아니다.

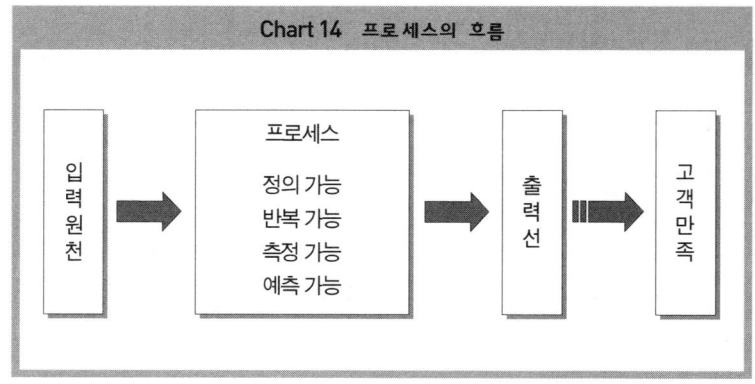

따라서 항상 최종 사용자, 최종 고객의 니즈를 염두에 두고 제공하는 가치, 프로세스의 능력, 평가의 기준 및 지표를 고려할 필요가 있다. 이러한 출력선 중에서 최우선은 진정한 고객과 사용자가 존재해야 한다는 것이다. 즉 Chart 14처럼 나타낼 수 있다.

예를 들어 케이크를 만들어 판매할 경우를 생각해보면 입력원으로부터 원재료인 설탕, 빵가루를 구입하여 케이크를 만드는 프로세스를 거쳐 나온 제품은 출력선인 판매점을 통해 고객에게 도달된다.

장기적 전략 수립의 경우 입력원으로부터의 정보는 외부 요인으로써 경제 요인, 사회 요인, 문화 요인, 인구 구성, 환경 요인, 정치 요인, 행정과 법규제, 기술적 요인, 경쟁 요인 등이 있고 내부 요인으로서는 경영, 마케팅, 재무, 생산, 연구 개발, 컴퓨터 정보 시스템 등을 들 수 있다. 장기적 전략 수립 프로세스에 있어서 수립된 장기적 전략은 경영 간부와 각 부문의 경영 계획 수립 프로세스로 넘어간다. 장기적 전략 수립 프로세스의 최종 고객은 누구인가? 기업 경영자인가? 주주인가? 아니면 사원인가? 장기적 전략 수립 프로세스가 기업 내부에 존재한다면 제품이나 서비스 등 기업이 제공하는 가치의 수혜자, 즉 제품이나 서비스에 돈을 지불하는 외부의 최종 고객은 기업이다. 따라서 넓은 의미의 최종 고객은 지역 주민, 사원, 주주, 기업 경영자, 즉 통칭하면 스테이크 홀더(Stakeholder)가 된다.

케이크의 맛이 좋지 않을 경우 어떻게 될까? 만일 "조금 더 달았다면 좋았을 텐데"라고 판단이 되는 경우는 Chart 15의 피드백에 따라 케이크의 결과가 프로세스 앞쪽으로 전달된다.

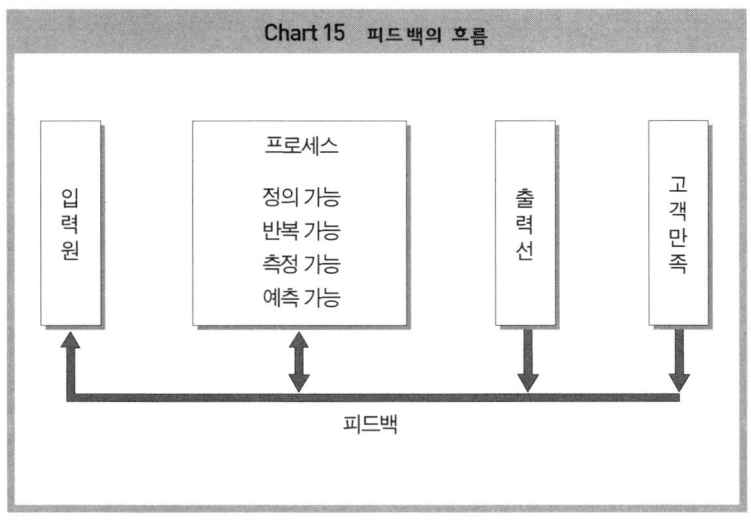

Chart 15 피드백의 흐름

즉 고객 또는 출력선인 판매점으로부터, 프로세스 혹은 입력원으로 연락이 간다. 이것을 피드백이라고 부른다. 이처럼 다음부터 생산되는 케이크의 맛과 크기, 단맛의 정도에 수정이 가해지게 된다.

한편 장기적 전략 수립 프로세스의 성과물인 전략이 좋지 않을 경우에는 어떻게 될까? 케이크의 경우 맛이 좋지 않다, 모양이 좋지 않다, 값이 비싸다는 등의 정보가 고객 또는 판매점으로부터 입력된다. 그러나 전략이 좋지 않을 경우 최종 사용자는 전략이 나쁘다는 이야기를 해주지 않는다. 따라서 이 경우에는 피드백 기능을 할 수 없는 것이 아닐까라고 생각하기 쉽지만 결코 그렇지만은 않다. 제품이나 서비스가 최종 고객에게 받아들여지지 않는 것과 마찬가지로 정보가 피드백 된다. 보다 구체적으로 말하자면 고객들이 구매해주지 않거나 고객들의 만족도가 떨어지거나 주가가 하락하는 등의 형태로 나타난다.

그러면 최초에 케이크의 맛, 크기, 단맛의 정도는 어떻게 결정되는 것일까? 일정한 정도의 단맛과 일정한 크기의 케이크를 만들 경우 어떻게 만들면 고객에게 팔릴 수 있을까? 결론적으로 말하자면 고객이 기대하고 있는 케이크를 만들어야 한다. 프로세스의 성과물, 다시 말하자면 프로세스가 제공하는 가치는 고객의 요구나 기대에 부응하지 않으면 안 된다. 이것을 프로덕트 아웃에 비해 마켓 인 등으로 이야기할 수 있다. 이것을 Chart 16과 같이 나타낼 수 있다.

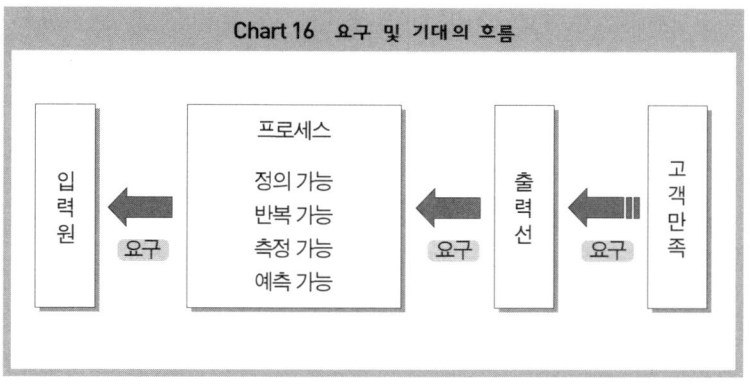

그렇다면 장기적 전략 수립 프로세스의 성과물인 전략은 처음에 어떻게 결정되는 것일까? 케이크의 맛, 크기, 단맛과 같이 결정되는 것일까? 고객이 기대하는 전략이란 어떤 것일까? 사실 고객은 전략의 구체적인 내용이 좋다고 말해주지도 않고 아예 흥미조차 없다. 프로세스의 직접적인 성과물은 장기적 전략이며 직접적인 출력선은 경영 간부와 각 부문의 경영 계획 수립 프로세스이다. 즉 최종 사용자, 이 경우에는 관련 스테이크홀더(Stakeholder ; 기업의 이해관계자) 전체를 고려할 필요가 있다. 스테이크홀더가 요구하거나 기대하고 있는 가치를 창조할 수 있는 전략을 수립할 필요가 있는 것이다. 최종 사용자의 요구나 기대를 어떤 식으로 반영시켜야 할 것인가? Chart 16에 따라 요구와 기대의 흐름은 직접 성과물이 도달하는 출력선ㆍ최종 사용자로부터 순차적으로 돌아오기 위해서는 시간이 걸린다. 입력원으로부터 들어오는 정보를 토대로 SWOT 분석, PPM(Product Portfolio Managenent) 분석, 경쟁 요인 분석 등을 하고, 경영 비전·경영 방침을 토대로 장기적 전략을 수립한다. 제품 및 서비스를 받는 최종 사용자의 요구와 기대는 별개의 형태로 장기적 전략 프로세스에 반영할 필요가 있다. 즉 사전에 입력된 정보에 대한 분석을 토대로 시장 수요의 측정과 예측, 시장 세그먼트(Segment)의 명확화, 마켓 시장의 선정, 사업의 포지셔닝, 고객 만족도 조사를 하고 장기적 전략 수립에 입력할 필요가 있다. 프로세스를 생각할 때는 어떤 단계에서도 항상 최종 고객의 요구와 기대를 염두에 두는 것이 중요하다.

이것은 기업에 있어서 매우 커다란 의미를 갖는다. 이상을 모두 포함하여 순서대로 설명하면 Chart 17과 같다.

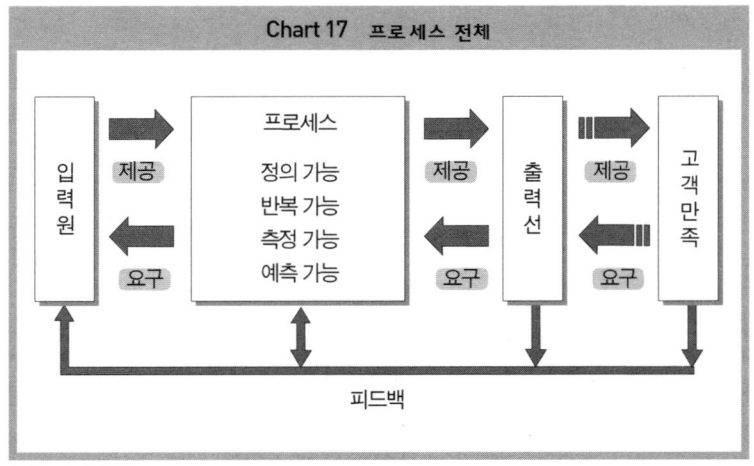

Chart 17 프로세스 전체

1장에서 프로세스의 성질을 설명할 때 프로세스는 측정이 가능한 것이라고 설명했다. 그렇다면 프로세스의 측정 장소는 어디일까?
1) 프로세스의 입구
2) 프로세스의 출구
3) 프로세스의 내부
4) 최종 고객

이것들이 주요 측정 장소들이다.

프로세스의 입구

프로세스가 아무리 우수하다해도 프로세스에 들어가는 정보나 물리적 재료에 결함이 있다면 그것은 프로세스가 제공하는 가치에 악영향을 미치고 만다. 입력원으로부터 프로세스에 들어가는 입구에서 품질의 수준을 측정하고, 미리 정해진 품질 이하의 것이 들어가지 않도록 해야 한다. 이러한 것들은 서플라이어 품질 등으로 불린다.

케이크를 만드는 경우 원재료의 품질이 좋지 않으면 케이크를 만드는 사람의 기술이 아무리 뛰어나다 하더라도 좋은 케이크를 만들 수 없다. 따라서 원재료인 밀가루, 달걀, 그 밖의 재료들의 품질을 측정하고 미리 정해진 수준 이하 품질을 가진 재료들은 사용하지 않는다. 케이크, 국수, 라면, 퍼스널 컴퓨터, 자동차를 제조하기 위한 재료나 부품 모두 마찬가지이다. 제조업의 경우에는 자재 관리 부문 등이 서플라이어 품질로서 QCD의 시각에서 관리를 하고 있다. 또한 장기적 전략 수립 프로세스의 경우는 어떨까? 장기적 전략 수립 프로세스의 경우는 입력되는 것이 재료나 부품이 아니라 정보이다. 그러나 그러한 정보의 품질, 즉 신뢰성이 떨어지면 성과물인 장기적 전략의 신뢰성도 당연히 낮아진다. 장기적 전략 수립 프로세스에 입력되는 외부 요인, 내부 요인, 그리고 기타 정보의 품질을 측정해서 미리 정해진 품질 수준 이하의 정보를 입력하지 않는 것이 중요하다.

▍프로세스의 출구

제공할 성과물이 출력선에 제공되기 전에 프로세스가 제공하는 가치의 품질 수준을 최종 단계에서 측정한다. 왜냐하면 미리 정해진 품질 수준 이하의 성과물이 나오는 것을 사전에 예방할 수 있기 때문이다.

케이크를 만들 경우든 장기적 전략 수립의 경우든 간에 성과물이 다음 프로세스로 넘겨지기 전에 측정하여 품질 수준 이하가 되지 않도록 사전에 체크해야 한다.

여기서 서비스의 프로세스를 생각해보자. 예를 들면 골프장의 캐디, 호텔 종업원, 치과의사, 자동차 수리 등의 서비스 프로세스의 경우 서비스의 품질은 측정 가능할까? 서비스의 품질에 대한 측정은 서비스를 받는 고객이 판단할 수 있을 것이다. 그러나 법률 서비스 등은 서비스를 받은 후에도 품질의 판단이 어렵다.

서비스에는 다음 4가지 특성이 있다.

1) 무형성
서비스에는 형태가 없다. 물리적 제품처럼 구입하기 전에 눈으로 본다든가 만져본다든가 맛볼 수가 없다.

2) 비분리성
서비스의 생산과 소비는 통상적으로 동시에 일어난다. 인적 서비스는 제공자와 고객이 하나가 된다.

3) 변동성
서비스는 제공자, 시간, 장소에 따라 크게 좌우된다.

4) 소멸성
서비스는 재고가 없다.

서비스에는 이상 4가지의 특성이 있기 때문에 서비스가 제공되기 전에 서비스의 품질을 측정하는 것이 쉽지 않지만 서비스를 제공하는 프로세스에 관한 한 이러한 것을 이해해둘 필요가 있다.

▌프로세스의 내부

프로세스의 내부에서 필요에 따라 몇 곳에서든 품질을 측정해야 한다. 왜냐하면 프로세스의 최종 단계에서 불량품을 발견하면 너무 늦기 때문이다. 프로세스의 내부에서 불량품을 발견할 수 있다면 그 시점에서 수정할 수 있는 기회가 많기 때문에 비용도 절감할 수 있다.

케이크 만드는 과정을 생각해보면 원재료인 밀가루와 달걀을 섞어 반죽을 하고, 케이크 모양을 만든다, 케이크를 굽고 장식물을 첨가하는 등 여러 가지 단계를 거친다. 이 각각의 단계에서 케이크 상태를 측정할 수 있다.

장기적 전략 수립 프로세스에 있어서는 외부 요인, 내부 요인, 경쟁 요인의 정보 수집, 이러한 것들의 정보 평가, 분석, 의사 결정, 전략 구상 수립·장기적 전략 구축 등 다양한 프로세스들의 집합으로 생각할 수 있다. 프로세스의 품질 측정은 QCD의 관점에서 이루어진다. 즉 Quality(결함), Cost(비용), Delivery(사이클 타임)이다. 결함 즉 의사 결정의 방법은 정확한 것일까? 정보 분석의 방법은 정확한 것일까? 사이클타임, 즉 장기적 전략 수립에 필요 이상의 시간이 걸리는 것은 아닐까? 의사 결정 속도는 어떨까? 정보 분석은 조기에 이루어질 수 있을까? 정보 분석은 적절한 비용으로 이루어지고 있는가? 등등 내부 프로세스의 품질을 측정할 수 있다. 프로세스의 최종 단계인 장기적 전략이 수립되고 난 후에 불량이 발견되면 너무 늦다.

사실 서비스의 경우는 매우 복잡하다. 예를 들면 골프 캐디가 그린까지의 거리를 눈대중하는 경우를 생각해보자. 거리를 눈으로 측량하고 플레이어에게 이야기하며 경우에 따라 적절한 클럽을 건네주는 프로세스 등 모두 캐디 한 명이 서비스를 한다. 여기서 결함은 눈대중한 거리가 틀린 경우와 플레이어에게 골라준 클럽이 틀린 경우 등이지만 이 모든 것들이 이미 플레이어들과 하나가 되고 있다. 아무리 눈대중이 정확하고 클럽 선택이 정확해도 플레이어에 따라서는 최종 목적인 고객 만족이 이루어지지 못할 수도 있다. 자동차 수리의 경우는 전체 프로세스를 한 사람이 하도록 할 수 없기 때문에 수리 단계에서의 결함, 사이클타임, 비용을 측정하는 것이 비교적 용이하다.

▎최종 고객

최종 평가는 최종 고객이 한다. 프로세스의 성과물, 즉 제공하는 가치가 고객의 요구 및 기대에 부응하는가의 여부는 고객이 평가한다.

　케이크 만드는 프로세스, 자동차 수리 프로세스, 캐디의 프로세스 등은 프로세스 성과물의 수용자가 프로세스의 바로 앞에 있다. 프로세스 성과물의 만족 또는 불만족이 그대로 최종 고객의 만족도가 된다. 따라서 앞에서 설명한 것처럼 장기적 전략 수립 프로세스 성과물, 즉 장기적 전략의 수용자는 경영 간부, 부문 경영 계획 수립 프로세스이며 최종 고객은 아니다. 그러나 수립된 전략에 따라 생산되는 제품 및 서비스(즉 고객가치)의 수용자인 최종 고객의 만족을 얻을 수 있는 장기적 전략을 수립해야 한다는 사실을 항상 염두에 둘 필요가 있다.

프로세스의 성질과
프로세스 체인

지금까지는 하나의 프로세스 및 입력원과 출력선에 대해 설명해왔다. 프로세스는 하나밖에 없는 경우도 있지만 실제 프로세스에는 통상적으로 프로세스 몇 개가 연결되어 있는 경우가 대부분이다. 따라서 한 프로세스의 입력원은 대체로 전 프로세스의 출력선이 된다. 또한 한 프로세스의 출력선은 다음 프로세스의 입력원이 된다.

아울러 각 단계별로 생각해보면 하나의 프로세스 중에 몇 개의 프로세스가 포함되기도 한다. 단계적으로 프로세스, 서브 프로세스(Sub Process), 서브 서브 프로세스(Sub Sub Process) 등으로 불린다. 더 나아가 마이크로 프로세스라고 불리는 경우도 있다. 어디까지가 서브 프로세스이고 어디서부터가 서브 서브 프로세스인지를 구분하는 엄밀한 규정 따위는 없으며 대체로 사업 및 업무 수준과 상태에 따라 다르다.

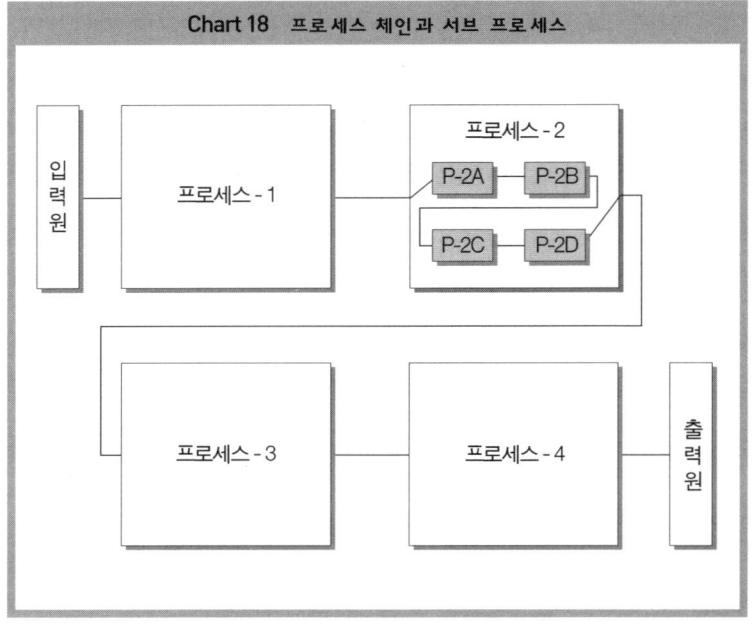

   Chart 18의 프로세스는 프로세스-1, 프로세스-2, 프로세스-3, 프로세스-4로 이루어진다. 프로세스-2는 세분화하면 P-2A, P-2B, P-2C, P-2D로 이루어졌음을 알 수 있다. 본 절에서는 프로세스의 연결과 프로세스 중의 프로세스를 생각하는 방법을 나타냈다. 실제 프로세스의 연결을 표시하는 방법은 여러 가지가 있다.
   장기적 전략 수립 프로세스의 예를 Chart 19에 표시하였다. 외

부 요인 평가, 경쟁 위치 평가, 내부 요인 평가, SWOT 분석, BCG(보스턴 컨설팅 그룹)의 P프로세스 매니지먼트, 외부·내부 분석, 의지 결정, 장기적 전략은 장기적 전략 책정 프로세스의 서브 프로세스이며, 의지 결정 서브 프로세스 중의 SS 1부터 SS 4까지는 서브 서브 프로세스가 된다. 입력원의 일례는 정보 수집 프로세스이며 출력선은 경영 간부 프로세스, 부문 경영 계획 수립 프로세스 등을 생각할 수 있다.

케이크를 만드는 프로세스, 골프 캐디의 프로세스, 자동차 수리 프로세스 등도 똑같이 표시할 수 있다.

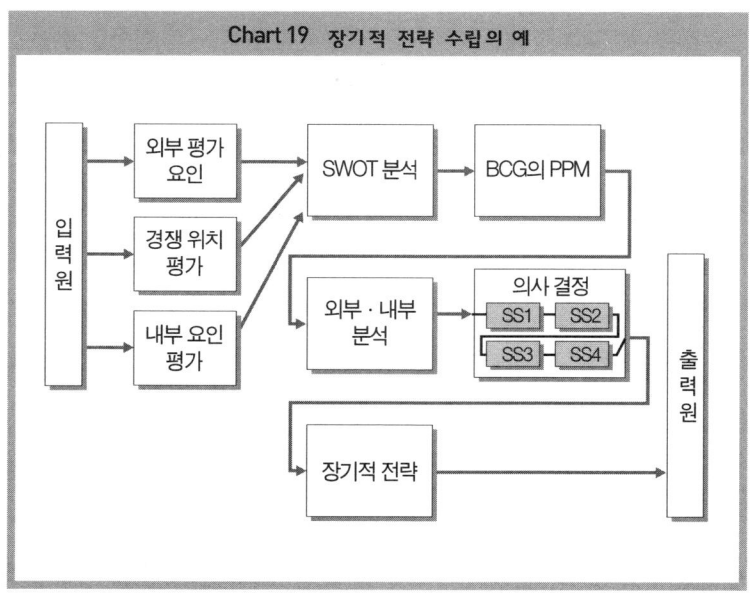

Chart 19 장기적 전략 수립의 예

또한 이러한 프로세스들은 입력원과 출력선이 같지 않다. 그러나 정보 조회 프로세스라든가 고객 불만 처리 프로세스 등은 입력원과 출력선이 같다고 생각할 수 있다. 이처럼 프로세스마다 다양한 경우가 있음을 염두해 둘 필요가 있다.

프로세스 맵핑

"프로세스란 일정한 목적을 달성하기 위해 관련 기능을 최적의 루트로 연결한 활동의 연쇄"라고 정의하고, 프로세스의 개념을 이해하기 위하여 이러한 활동의 연쇄 중 하나를 편의상 하나의 블록으로 표시하여 프로세스라 부르기로 한다. 이미 앞 절에서 이러한 프로세스의 기본적 성질에 관한 예를 들어 설명했다. 또한 이러한 프로세스들의 내부에 서브 프로세스, 서브 서브 프로세스가 존재하고 있다는 것도 설명했다.

프로세스를 서브 프로세스, 서브 서브 프로세스로 나누어 활동의 단위까지 표시한 것을 프로세스 맵핑이라 칭한다. 프로세스 맵핑에는 구체적인 활동이 표현된다.

프로세스를 맵핑할 경우 프로세스의 오너, 명칭, 목적, 고객의 기대, 서플라이어의 영향, 결함(불량률) 수준, 사이클타임, 필요한

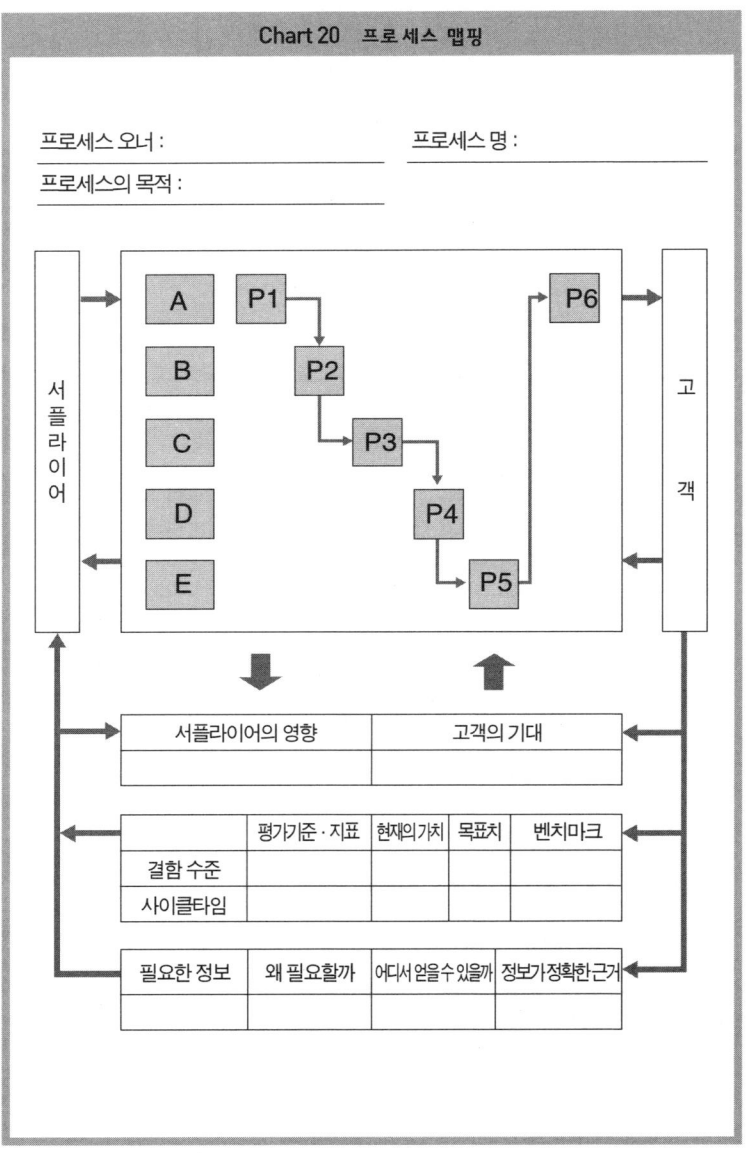

정보 등을 명확히 하지 않으면 안 된다.

Chart 20에서 A부터 E까지는 해당 프로세스의 조직, 부문, 부서, 프로세스, 개인 등을 기술하고 있다. 또한 P1부터 P6까지는 이 프로세스 내의 활동을 기술하고 있다. 프로세스는 왼쪽에서 우측으로 흐른다. 프로세스를 맵핑함에 따라 처음부터 프로세스의 평가를 적절하게 행할 수 있다. 즉 전체를 보면 각 활동의 관계자, 사이클타임, 불량률 수준 등 현재의 기준치를 알 수 있게 된다.

또한 불량률 및 서플라이어의 수준, 평가기준 및 지표 · 현재의 가치, 목표의 가치, 벤치마크 등을 명확히 할 수 있다.

필요한 정보는 무엇이며 왜 필요한 것일까? 어디서 얻을 수 있는 것일까? 그리고 누가 가지고 있는 것일까 등이 명확해진다.

가능하다면 CSF(Critical Success Factor ; 중요 성공 요인)에 대해서도 명확해진다.

예를 들면 케이크 만드는 프로세스를 간단하게 정리하면 아래와 같다.

서플라이어 : 밀가루, 달걀, 딸기 등 재료의 판매점
A : 재료 구매자
B : 케이크 제조자 1
C : 오븐
D : 케이크 제조자 2

E : 배달자
P1 : 재료 구입
P2 : 케이크 모양 만들기
P3 : 케이크 굽기
P4 : 토핑 얹기
P5 : 판매점으로의 배송

고객 : 케이크를 사는 손님
서플라이어의 영향 : 밀가루의 품질, 토핑의 신선도
고객의 기대 : 케이크의 맛, 적당한 가격, 케이크의 신선도
결함 수준 : 케이크가 균일하게 구워진 정도, 케이크의 모양
사이클타임 : 재료 구입에서부터 배달까지 걸리는 시간
필요한 정보 : 고객의 반응, 타 제과점의 가격, 신선함, 재료의 품질

케이크를 만드는 일 역시 프로세스 맵핑에서부터 시작한다. 프로세스에 있어서 무엇을 어떻게 개선 또는 개혁하면 고객들에게 보다 호평 받는 케이크를 만들 수 있는지를 알게 된다.

프로세스 맵핑의 연습

이제부터 간단한 프로세스 맵핑 연습을 해보기로 한다.

▍나시도시 전자 부품 공업의 고객 문의 사항 응대 프로세스

나시도시 전자 부품 공업(梨年電子部品工業)은 자본금 100억 엔, 연매출 800억 엔으로 가와사키(川崎)에 본사를 두고 치바(千葉)와 구마모토(熊本) 두 곳에 공장을 가지고 있다. 전국 주요 도시에 영업소가 있으며 전체 종업원은 1,500명으로 전자 부품을 제조, 판매하고 있는 중견 기업이다. 나시도시 전자 부품 공업이 취급하는 부품은 크게 단일 독립 제품과 조립용 부품 제품으로 나눌 수 있는데 총 제품 수는 10만 종이다. 주요 고객은 업무용 및 가정용 전기 제품 제조 업체, 자동차 제조 업체, 전자 계산기 관련 기업 등이다. 일부는 동경의 아키하바라(秋葉原)와 오사카(大阪)의 니혼바시(日本橋) 전자 전기 용품점 등에서 일반 고객들을 상대로 판매되고 있다. 회사의 매출액은 버블 경기의 붕괴와 함께 크게 악화되었으나 최근에는 동종 업계의 경기 회복에 따라 매출액이 상승하고 있다.

최근 제조 판매하고 있는 부품에 대해 일반 고객들로부터의 문의가 증가하고 있다. 나시도시 전자 부품 공업의 제품은 일반 전기 제품용, 자동차용 전기 제품, 전기 계산기용 등 크게 3가지로 분류된다. 부품 번호는 GEN-XXXXXX가 일반 전기 제품용, CAR-YYYYYY는 자동차 부품용, COM-ZZZZZZ는 전자 계산기용을 표시하고 있다.

제품 정보는 모두 컴퓨터에 입력되어 있으며 일부 주요 판매 대리점에서는 그러한 정보들을 공개하지만 일반 고객들에게는 정보를 공개하지 않고 있다. 그러나 회사는 인터넷을 통한 고객들의 문의사항에 대해서는 응대할 수 있도록 하고 있다. 업계 전문지나 그 밖의 잡지에 문의 전용 무료 전화 0120-ABC-DEF를 홍보하고 있다. 컴퓨터에 기록되어 있는 부품의 정보는 부품 번호, 부품명, 기능, 부품 도면, 주로 사용되는 제품명 또는 널리 사용되는 곳, 재고 상황, 그 밖의 주의 사항들이 기록되어 있다. 부품 번호, 부품명 어느 것으로든 검색할 수 있도록 되어 있다.

> **과 제**
>
> 1) 고객의 문의 사항에 응대하는 프로세스를 맵핑해보시오.
> 2) 그 프로세스의 지표, 평가기준 등에 대해서도 생각해보시오.
> 3) 그 프로세스에 필요한 정보를 기술해보시오.

해설

이 사례는 프로세스를 작성할 수 있도록 정보와 조건이 부여되어 있지만 프로세스 그 자체가 기술되어 있지는 않다. 즉, 사례를 읽는다해도 사례로 프로세스를 작성할 수는 없다. 따라서 프로세스의 작성을 위해서는 스스로 개발할 필요가 있다. 주목해야할 점을 이 사례를 통해 살펴보기로 한다.

1) 이 기업은 전자 부품을 제조 판매하고 있는 중견 기업이다.
2) 부품은 독립 제품과 조립용 제품이 있으며 총 제품 수는 10만 종이다.
3) 주요 고객은 이 회사의 제품인 전자 부품을 사용하는 제조 업체들이다.
4) 부품 번호는 크게 3개의 범주로 나뉜다.

Chart 21 나시 도시 전자 부품 공업 – 고객 부품 정보 문의 프로세스 맵(응답 사례)

프로세스 오너 : 성명   프로세스 명 : 고객 부품 정보 문의 프로세스
프로세스의 목적 : 고객의 부품 정보에 관한 문의 사항에 응대한다.

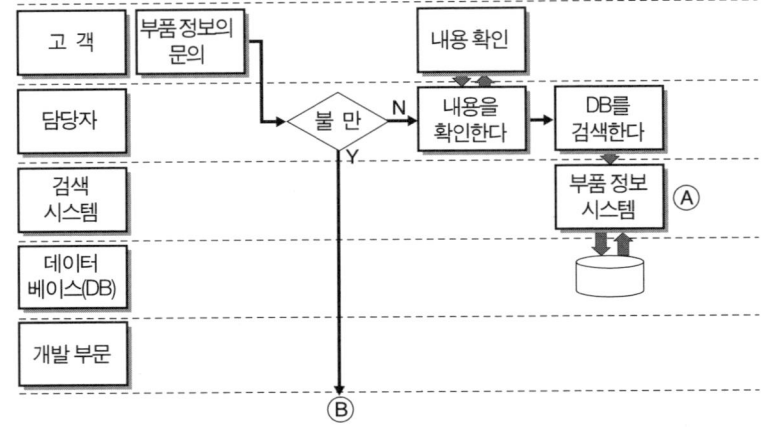

별도의 프로세스로 스킵

	평가기준 · 지표	현재값	목표	최우수 기업
결함	부품 정보에 대한 문의	1000 PPM	100 PPM	10 PPM
사이클타임-1	고객의 문의에서부터 담당자가 알 때까지의 시간	3분~30분	5분	3분
사이클타임-2	담당자가 DB로부터 필요한 정보를 끌어올 때까지의 시간	10분	5분	3분
사이클타임-3	DB로부터 정보를 얻어 고객에게 전달할 때까지의 시간	5분~30분	5분	3분

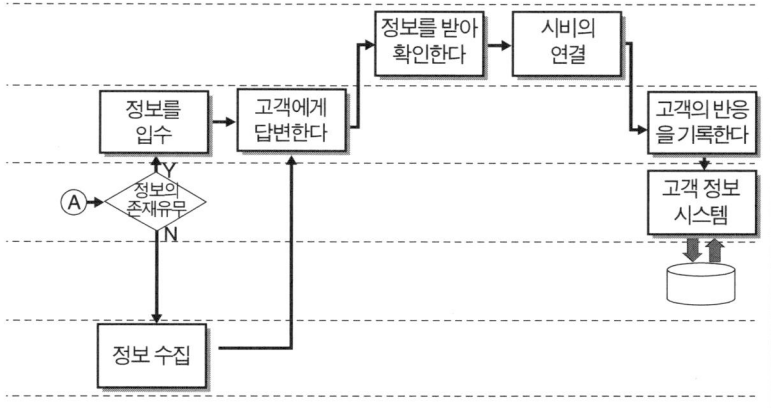

필요한 정보	왜 필요할까	어디에 있을까	정보의 정확성을 확인할 방법
부품 번호	기본 정보	데이터 베이스	여타 정보와의 비교
부품명	기본 정보	데이터 베이스	여타 정보와의 비교
고객의 이름과 주소 등	고객 정보 시스템 구축	고객 정보 시스템	고객 정보 시스템

5) 제품 정보는 컴퓨터로 관리되고 있다. 일부 주요 판매 대리점에는 그러한 정보가 공개되어 있고 카탈로그도 있다.
6) 문의 전용 무료 전화를 홍보하고 인터넷을 통해서도 고객들의 문의에 대응하고 있다. 여기서는 문의 전용 무료 전화 대응 프로세스를 살펴보자.
7) 고객 불만 대응은 별개의 프로세스이기 때문에 여기서는 고려하지 않기로 한다.
8) 아무래도 정보가 상당히 부족하지만 부족한 정보에 대해서는 가정이 필요하다.

여기에 적혀 있지는 않지만 주의해야할 점은 다음과 같은 점들이 있다.

1) 부품 종수가 약 10만 종이라는 것은 종수가 대단히 많은 것이다. 따라서 문제와 직접 관련은 없지만 재고 관리는 어떤가?
2) 제조 업체가 고객이라고 말하는 것은 고객을 담당하는 영업 사원이 정해져 있고 대체로 담당 영업 사원이 고객의 질문에 응대한다.
3) 주요 판매점에는 제품 정보가 공개되어 있기 때문에 주요 판매점으로부터는 문의 사항이 그다지 많지 않다.
4) 고객 문의 사항에 대한 응대 프로세스이기 때문에 프로세스의 입력원과 출력선은 문의를 한 고객으로 동일하다.

실제로 프로세스 맵핑시 주의할 점은 다음과 같다.

1) 처음부터 상세하게 들어갈 수는 없다. 고객의 문의에 대해 어떻게 대응할 지를 전체적으로 그려본다.
2) 가장 단순한 프로세스 맵핑은 「문의 사항 → 제품 정보의 조사 → 응답」이다.

   그러면 제품 정보를 어디에서 입수할까? 또한 제품 정보가 데이터 베이스에 없는 경우에는 어떻게 할까? 문의한 고객들의 반응은 어떨까? 그 결과를 기록하고 있는가? 등으로 프로세스 맵핑을 상세화한다.
3) 프로세스 맵핑을 상세히 하면서 관련 부문, 부서, 인원을 나열하여 A, B, C, D를 결정한다.
4) 프로세스 맵핑의 각 활동을 보면서 '지표·평가기준' '현재 수준' '목표' '최우수 기업의 수준' '프로세스에 필요한 정보' 등을 결정해 간다.

"나시도시 전자 부품 공업의 고객 문의 사항 응대 프로세스"의 응답 사례를 Chart 21로 표시해보았다. 그러나 이것은 어디까지나 하나의 사례일 뿐이다.

03

프로세스 매니지먼트의 방법론

프로세스 매니지먼트란 무엇인가?
프로세스 매니지먼트의 목표
3 페이스 스텝법
프로세스의 유지·실행·관리

프로세스 매니지먼트란 무엇인가?

프로세스 매니지먼트란 고객의 요구와 기대를 토대로 프로세스의 현상을 파악하여, 분석·평가한 다음 필요에 따라 개선하거나 개혁을 해서 가장 적절히 실행하는 것을 의미한다. 중요한 비즈니스 프로세스를 세부적으로 나누어 분석하고, 효과와 효율을 향상시키는 일, 즉 사이클타임을 단축시키고, 결함을 제거함으로써 품질을 향상시키고 비용을 절감하여 고객의 만족도를 향상시키는 일이다.

프로세스 매니지먼트 방법은 크게 나누어 다음과 같이 분류할 수 있다.

1) 현재의 프로세스가 안고 있는 과제의 달성, 문제 해결 및 개선
2) 현재 프로세스 수준을 적절하게 유지, 실행 및 관리

1)의 프로세스는 프로세스 매니지먼트를 실행하기 위한 방법론 (3 페이스 7 스텝법)이며, 페이스 1(프로세스 준비), 페이스 2(프로세스 분석·이해), 페이스 3(프로세스의 개선)으로 이루어진다.

2)의 프로세스는 프로세스 유지·실행·관리이다. 프로세스 매니지먼트 전체 프로세스는 Chart 22로 표시할 수 있다.

Chart 22는 프로세스 매니지먼트를 실행하기 위한 방법론에 있어서 프로세스 매니지먼트의 3 페이스 7 스텝 및 프로세스 유지·실행·관리를 차례로 상세하게 설명하고 있다.

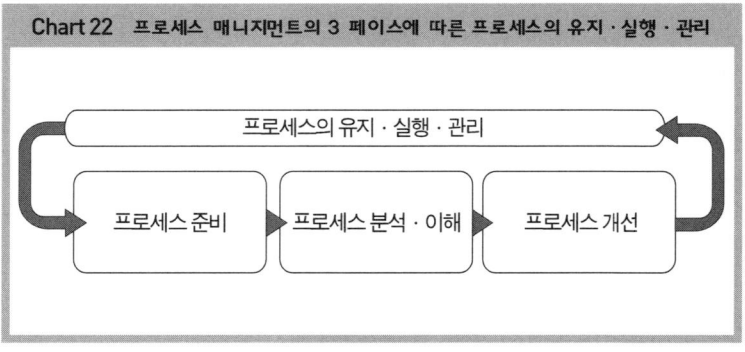

Chart 22 프로세스 매니지먼트의 3 페이스에 따른 프로세스의 유지·실행·관리

프로세스 매니지먼트의 목표

- 프로세스의 아웃풋이 고객의 기대와 일치할 것
- 프로세스가 효율성 높게 아웃풋을 생산할 것
- 경쟁을 통해 프로세스가 더욱 개선되도록 할 것

프로세스 매니지먼트는 '프로세스 준비', '프로세스 분석·이해' '프로세스 개선' 이 세 가지 페이스 및 프로세스의 유지·실행·관리를 통해 이루어진다.

첫 번째 페이스인 '프로세스 준비'는 과제와 문제를 명확히 한 프로세스 팀 구성으로부터 시작된다.

두 번째 페이스인 '프로세스 분석·이해'는 니즈를 파악하고 프로세스의 이해 및 목표 설정 단계로부터 시작된다.

세 번째 페이스인 '프로세스 개선'은 개선안 작성과 개선책 실행 단계부터 시작된다.

3 페이스 스텝법

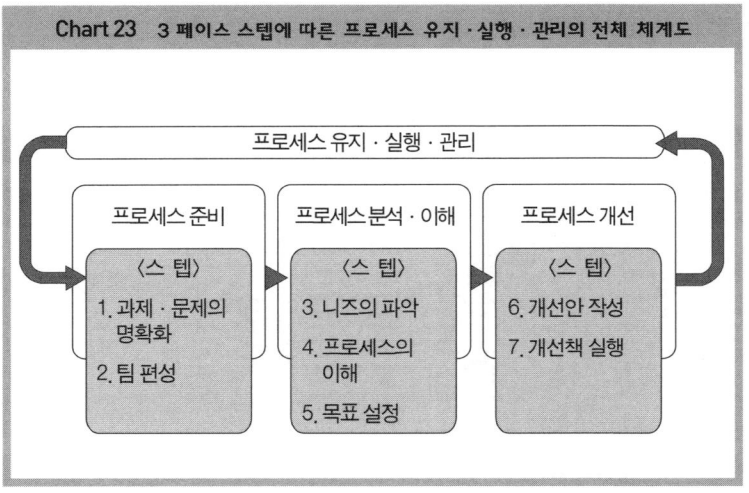

페이스 1   프로세스 준비

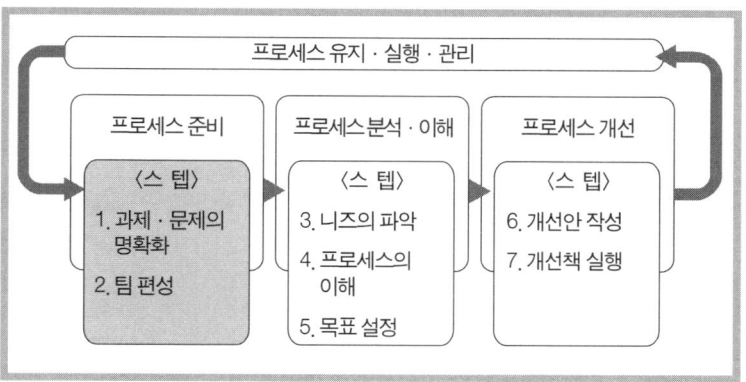

페이스 1 '프로세스 준비'는 스텝 1의 '과제·문제의 명확화'와 스텝 2의 '팀 편성' 두 가지로부터 이루어진다.

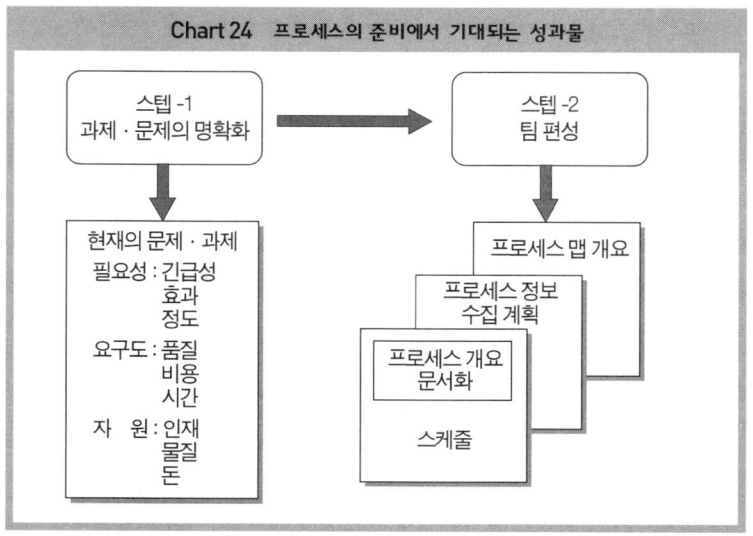

3장 프로세스 매니지먼트의 방법론 · 93

스텝1 과제 및 문제의 명확화

페이스 1 '프로세스 준비'의 스텝 1인 '과제·문제의 명확화'는 프로세스 매니지먼트를 실행할 계기가 되는 것이다. 왜 프로세스 매니지먼트를 실행하는 것일까? 그것은 프로세스의 개혁·개선이 왜 필요한가를 명확히 하는 것이다. 여기에 대해서는 두 가지 계기를 생각해볼 수 있다.

1) 현재 뭔가 커다란 문제를 안고 있는 상황을 해결하기 위해 원인 파악을 하고자 프로세스 매니지먼트를 한다.
2) 비전, 사명, 경영 방침을 토대로 수립한 경영 계획에 따른 전략 과제를 달성하기 위해 프로세스 매니지먼트를 한다.

원인 파악은 현재의 문제점을 파악하고 분석·해석하여 원인을 파악해서 '재발 방지'를 한다. 또한 문제 해결 방법을 수평적으로 전개하고 장차 발생할 가능성이 있는 문제를 '미연에 방지'하는 것이다.

한편 과제 달성이란 기업·부문·부서의 경영에 관한 목표 달성을 위해 현재 상황에서 최적의 관리와 개혁·개선을 행하는 것이다.

원인 파악의 경우는 다음과 같은 것을 생각해볼 수 있다.
1) 고객들의 불만이 많아서 해결하는 데 시간이 너무 많이 걸릴 경우

고객 만족은 이루어질 수 없다.
2) 최근 공장 생산 라인의 불량률이 증가하고 있다.
3) 납품한 제품이 고객에게 전달되기 전에 고장난다.
4) 레스토랑 웨이터의 평판이 좋지 않다.
5) 동종 업계 타사와 비교하여 고객 만족도가 낮다.

최종 고객의 불만과 연결된 문제 전반에 대해 생각할 수 있다. 또한 과제 달성의 사례로는 다음과 같은 것을 생각할 수 있다.

1) 고객 만족도의 지표를 40% 향상시킨다.
2) 고정비를 10% 절감한다.
3) 공장의 생산성을 25% 향상시킨다.
4) 환경 폐기물을 현재의 20% 이하로 줄인다.
5) 환경 친화적 제품의 구입을 50% 증가시킨다.

이러한 것이 경영 비전·전략에 기초한 사업 계획 달성의 목표치가 된다.

프로세스 매니지먼트는 매일매일 일상적인 업무 활동으로 생각될 수 있으며 그렇지 못할 경우 진정한 프로세스 매니지먼트라고 말할 수 없다. 일상적인 업무 활동으로 정착하기까지는 새롭게 팀을 구성하여 하나의 프로젝트로서 수행하는 것도 생각해볼 수 있

Chart 25 다양한 과제 및 문제

● 스텝 1-과제 및 문제의 명확화

· 업무상의 과제
· 타 부문으로부터의 요구
· 이전에 남겨진 과제
· 현재 수준의 향상
· 현재 두드러지고 있는 문제
· 이전에 남겨진 문제
· 타 부문으로부터의 불만

브레인스토밍

과제 및 문제의 예

· A 은행 고객들의 기다리는 시간을 유용하게 이용하도록 한다.
· B 업무 시간을 25% 단축한다.
· C 제품 조립 작업 시간을 40% 단축한다.
· D 호텔 고객의 불만이 많다.
· E 제품의 공정내 불량률이 높다.
· F 라면의 매출액이 떨어지고 있다.

다. 그러나 궁극적으로는 기업 문화로서 뿌리를 내리도록 하는 것이 바람직하다.

어떠한 경우든 프로세스 매니지먼트의 첫걸음은 개혁 또는 개선해야 할 과제 및 문제를 명확히 하는 것이다.

스텝 2 팀의 편성

페이스 1 '프로세스 준비', 페이스 2 '팀의 편성'은 해당 프로세스의 최적 실행을 위해 개선하거나 개혁한다. 즉 프로세스 매니지

Chart 26 다양한 과제 및 문제

● 스텝 2 팀의 편성
 · 프로세스 팀을 편성한다
 · 프로세스 오너를 임명한다
 · 핵심 프로세스를 확인한다
 · 프로세스의 개요를 작성한다
 · 데이터 수집 계획 작성
 · 전체 스케줄

프로세스 개요

프로세스 명칭
오너
팀원들의 이름
목적
서플라이어(공급 업체)
고객

프로세스 개요 수집 계획

프로세스 명칭
주요 정보
어디서부터?
어떻게?
책임자

스케줄 (예)

스 텝	책임자	4	5	6	7
과제의 명확화	홍길동	▶			
팀 편성	김성수	▶			
프로세스 이해	박재동		▶		
목표 설정	정진호		▶		
개선책 실행	전원				▶

먼트를 수행할 팀을 편성한다.

팀 편성에 있어서 포인트는 어떤 멤버를 지명하는 가에 달려 있다.

- 팀워크 지향적이다
- 열정 또는 하고자 하는 의욕이 있다
- 시간을 잘 활용한다
- 지식(프로세스, 조직, 기업 문화 등에 관한)이 있다
- 신뢰 또는 신용할 수 있다
- 혁신적인 생각을 가지고 있다
- 커뮤니케이션 능력이 뛰어나다

이와 같은 사람들이 바람직한 멤버들이다. 또한 팀이 편성되면 멤버들은 프로세스 매니지먼트 교육을 받게 된다. 이 교육이 차후 프로세스 매니지먼트 활동을 좌우하게 된다. 팀 멤버들은 프로세스 매니지먼트의 진정한 목적과 방법을 이해하고 있을 필요가 있다.

다음은 프로세스 오너를 임명한다. 단 오너의 임명과 팀 멤버의 선발은 순서가 바뀔 수도 있다.

팀이 구성되면 다음과 같은 일을 해야 한다.

1) 개혁 및 개선에 관한 주요한 프로세스를 확인한다

2) 주요 프로세스의 개요를 문서화한다
3) 정보·데이터 수집 계획을 작성한다
4) 전체 스케줄을 작성한다

1) 개혁 및 개선에 관한 주요한 프로세스를 확인한다
개혁·개선이 필요한 특정 프로세스에 대해 팀 구성원들이 공동의 이해를 가질 수 있도록 한다. 단, 이 시점에서 상세한 프로세스 맵핑을 작성할 필요는 없다.

2) 주요 프로세스의 개요를 문서화한다
문서화는 다음 항목을 포함한다. 우선 개혁·개선시켜야 할 프로세스의 명칭을 정한다. 프로세스의 명칭은 차후 팀 구성원들의 공동 인식을 구축하기 위한 것이므로 반드시 프로세스 그 자체이어야 할 필요는 없다. 다음은 프로세스 오너에 대해 기술하기로 한다. 개혁·개선을 행할 프로세스의 목적을 정의한다. 프로세스의 목적이란 프로세스의 아웃풋, 즉 이 프로세스가 창출하고 제공하는 가치이다. 또한 고객과 서플라이어에 대해서도 기술한다.

고객 불만 처리 프로세스의 예

프로세스의 명 : 고객 불만 처리 프로세스
프로세스 오너 : 홍길동

프로세스의 목적 : 고객 불만 사항을 조속히 해결하여 고객 만족도 향상

고객 : 당사의 제품 및 서비스 이용자로서 불만을 가지고 있는 사람

서플라이어 : 고객과 동일

팀 구성원 : K씨, U씨, J씨, O씨

3) 정보·데이터 수집 계획을 작성한다

이 프로세스에 관한 정보·데이터를 수집하는 계획을 수립한다. 우선 어떤 정보나 데이터가 필요할까? 왜 필요할까? 정보를 가지고 있는 사람은 누구이며 어디에서 얻을 수 있을까? 이렇게 얻은 정보나 데이터는 왜 정확하다고 말할 수 있을까? 등에 대해 문서화한다.

고객 불만 처리 프로세스의 예

정보·데이터의 종류 : 과거의 모든 불만 데이터

필요한 이유 : 과거의 불만 데이터를 분석하고 개선 영역을 탐구한다

소유자 : 고객 불만 처리 시스템 데이터 베이스

정보·데이터의 정확성 : 고객 불만 처리 시스템 가동 이후 축적된 정보

4) 전체 스케줄을 작성한다

과제·문제의 명확성으로 시작하여 팀을 구성하고, 프로세스를 이해하며 목표를 설정한 다음 최종 개선안 작성 및 개선책 실시에 이르기까지 전체 일정표를 작성한다.

그러나 반드시 모든 것을 상세하고 완벽하게 결정하여 기술하지 않으면 안 된다고 말하는 것은 아니다. 실제로 프로세스 매니지먼트를 하는 도중에 세부적으로 결정해야 할 사항들도 있다.

페이스 2   프로세스 분석과 이해

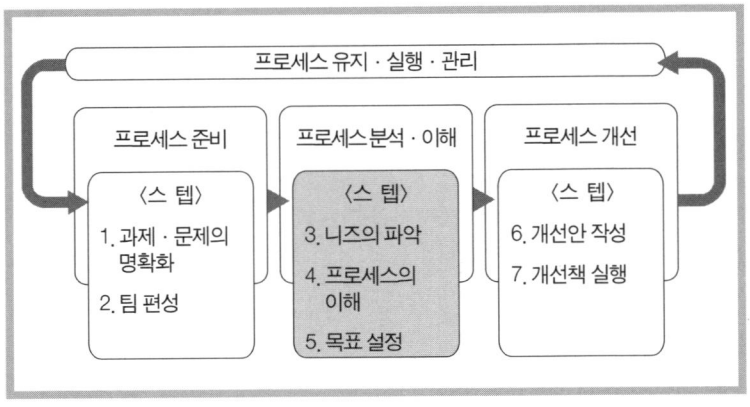

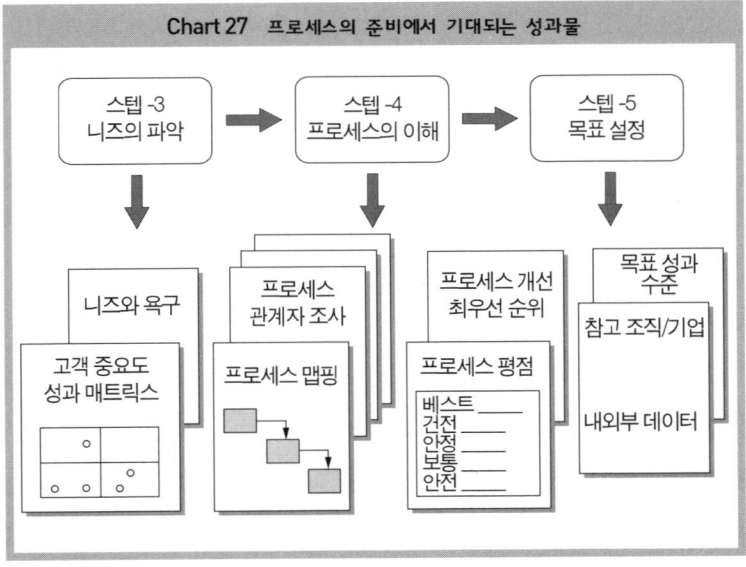

Chart 27   프로세스의 준비에서 기대되는 성과물

페이스 2 '프로세스 분석과 이해'는 스텝 3 '니즈의 파악', 스텝 4 '프로세스의 이해', 스텝 5 '목표 설정'으로 이루어진다.

스텝 3 니즈의 파악

페이스 2 '프로세스 분석과 이해' 중 스텝 3 '니즈의 파악' 프로세스에서는 우선 고객에 대한 정의를 명확히 한다. 다음에는 고객이 기대하는 성과물을 정의한다. 성과물이란 이러한 프로세스의 아웃풋, 즉 이 프로세스가 제공하는 제품·서비스인 것이다. 고객 가치라고도 한다. 제공하는 가치에 대해 고객이 요구·기대하고 있는 것을 명확히 한다.

예를 들어 레스토랑의 경우를 살펴보자. 눈에 보이는 성과물은 요리이다. 또한 고객 가치는 요리를 먹었을 때의 만족감이다. 그렇다면 특성에는 어떤 것이 있을까? 요리의 맛? 그것만이 전부일까? 그밖에도 주문의 정확성, 가격, 요리의 보기 좋음, 요리가 제공되는 시간, 메뉴에 대한 웨이터의 지식, 계산 처리 속도, 레스토랑 전체의 청결함, 종업원들의 태도, 요리의 신선도 및 온도 등 셀 수 없이 많다. 여기서 성과물을 요리와 종업원들의 서비스로 특성을 나누어 고려해도 상관없다.

즉 제공하는 가치에 대해 고객이 요구하거나 기대하는 특성들을 명확히 파악한다. 이 특성들을 측정하기 위한 평가기준과 지표들은 무엇일까? 이 특성은 고객들에게 어느 정도 중요한 것일까? 현재 상황은 어떤가? 등에 대해서도 명확하게 해둔다. 이러한 특성들을 개선하기 위한 목표치도 당연히 필요하다. 현재 알고 있는 중요한 개선 영역도 기록해 둔다. 어딘가 참고해야 할 기업이나 조직이 있다면 그것 역시 기록해두는 것이 바람직하다.

이상과 같은 정보 · 데이터를 입수하는 데는 다양한 방법들이 있다. 예를 들면 고객과 직접 인터뷰를 하는 방법, 조사를 하는 방법, 그룹 토의를 하는 방법, 인터넷을 활용하는 방법 등등. 이 때 절대 잊어서는 안될 중요한 사항은 항상 고객의 시각과 입장에서 생각해야 한다는 것이다. 고객에게 있어서 중요도 및 현재의 상황을 1부터 10까지 점수화하여 관찰 결과를 평가한다. 중요도/실적 매트릭스를 작성하는 것도 좋은 방법이다.

고객 불만 처리 프로세스 사례

고객 : 제품 및 서비스의 이용자로서 불만을 가지고 있는 사람
성과물 : 불만 해결, 재발 방지
성과물의 특성 : 불만을 가진 사람의 불만 해결 만족도
성과의 평가기준 · 지표 : 해결할 때까지 걸리는 시간, 재발 방지율, 고객 만족도
특성의 중요도 : 3~6점(불만의 종류에 따라 다르다)
현재의 실적 : 10점 만점 중 5~7점 수준
기대치 : 9점

Chart 28   스텝 3 - 니즈의 파악

● **스텝 3 - 니즈의 파악**

다음 사항들을 정의한다
· 고객
· 개선이 기대되는 성과물
· 성과물의 성과 특성
· 특성의 평가기준 · 지표
· 특성의 중요도
· 특성의 현재 실적
· 성과의 기대치
· 중요한 개선 영역
· 참고가 될 조직 · 기업

방 법
· 인터뷰
· 그룹 토의
· 서베이(Survey)
· 기존 데이터의 조사

니즈와 욕구

```
프로세스 명칭 _____
고   객 _____        서플라이어 _____

성과물      특 성      평가기준      중요도      실 적
_____     _____     _____     _____     _____
_____     _____     _____     _____     _____
_____     _____     _____     _____     _____
_____     _____     _____     _____     _____
```

중요도/실적 매트릭스(예)

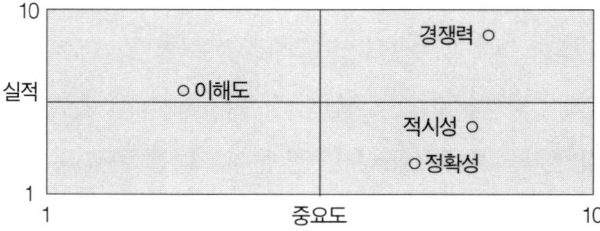

개선 영역 : 불만 해결 책임 부문의 처리 속도와 재발 방지책
참고 조직 · 기업 : T사, K사
정보 · 데이터의 입수 방법 : 불만 처리 시스템의 데이터 베이스

스텝 4 프로세스의 이해

　페이스 2 '프로세스 분석과 이해' 중 스텝 4 '프로세스의 이해'에서는 이제부터 프로세스 매니지먼트, 즉 프로세스를 개혁하고 개선할 프로세스를 보다 자세히 이해하기 위해서는 프로세스 맵핑을 한다. 프로세스 맵핑에 대해서는 2장을 참고하기 바란다. 이제부터 개혁 · 개선을 하고자하는 과제 및 문제와 관련된 프로세스에 대해서는 맵핑을 보다 자세히 해야 한다. 프로세스 맵핑을 통해 현재의 프로세스 활동 스텝이 보다 명확해진다.

　프로세스 맵핑을 하기 전에 프로세스 관계자와의 인터뷰나 그룹 인터뷰를 실시하는 등 기타 자료 및 데이터 베이스로부터 필요한 정보를 확보할 필요가 있다.

　프로세스 맵핑을 한 각각의 활동이 실제로 실행되고 있는가? 실행되고 있는 장소와 조직은? 서플라이어는 누구인가? 서플라이어에 대한 평가기준 및 현재의 수준은 어떤가? 고객은 누구인가? 고객에 대한 평가기준 및 현재 수준은 어떤가? 프로세스 인풋 측의 확인 책임자는 누구인가? 현재 두드러진 문제 및 과제는 무엇인가?라는 등의 정보 수집은 전체적으로 실행하거나 프로세스 맵

Chart 29 스텝 4 프로세스의 이해

● 스텝4 - 프로세스의 이해

1. 프로세스의 맵핑
    · 과제 · 문제에 관한
      프로세스를 보다 상세하게

   방법
   * 관계자들과의 인터뷰
   * 사원 인터뷰
   * 그룹 토의
   * 데이터 수집 실시

2. 현재의 프로세스를 분석한다
   (현재의 기준치를 얻는다)
   · 전체의 측정
     (결함, 사이클타임 등)
   · 각 스텝의 측정

3. 다른 데이터를 수집한다
   · 타 부문 및 타사의 사례
   · 개선 사례
   · 이미 예정되어 있다
   · 변경 계획
   · 저해 요인

프로세스 맵

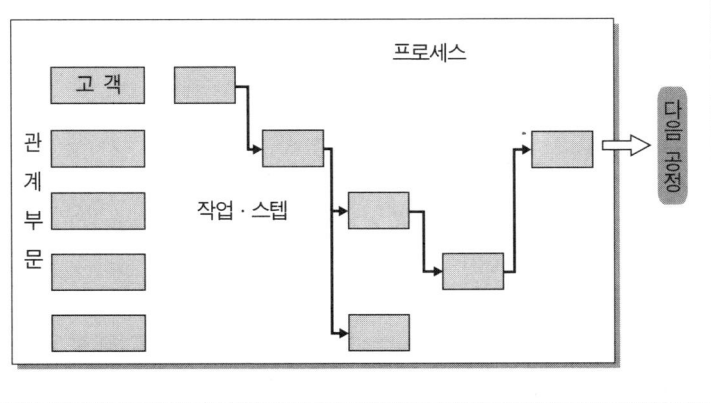

핑에 있는 각각의 활동 하나하나에 대해 실행 필요가 있다.

또한 프로세스 오너, 프로세스 명칭, 목적, 고객, 서플라이어, 관계자, 평가기준, 목표, 프로세스에 필요한 정보, 그밖에 정보가 있는 장소 등은 프로세스를 맵핑하기 위해 꼭 필요한 사항들이다. 그리고 결함 및 사이클타임의 현재치 등 현재의 기준치와 함께 목표치가 필요하다.

고객 불만 처리 프로세스의 예

고객 불만 처리 프로세스를 맵핑하기 위해 현재까지 수집된 정보를 다음과 같이 정리해볼 수 있다.

프로세스 명칭 : 고객 불만 처리 프로세스
프로세스 오너 : 홍길동
프로세스의 목적 : 고객들의 불만을 신속하게 처리하여 고객 만족의 증대
고객 : 제품 및 서비스의 이용자로서 불만을 가지고 있는 사람
서플라이어 : 고객과 동일
관련 부서 : 고객 창구, 고객 담당 부서, 영업 부서, 품질 관리 부서, 개발 부서, 제조 부서, 법무 부분, 총무 부서, 이사진, 사장실
정보 : 데이터의 종류, 과거에 발생했던 모든 불만 관련 데이터

필요한 이유 : 과거에 발생했던 불만들에 대한 데이터를 분석하여 개선 방안을 연구한다
정보 및 데이터의 정확성 : 고객 불만 처리 시스템 가동 이후 축적된 정보
성과의 평가기준 및 지표 : 문제를 해결하기까지 걸리는 시간, 재발 방지율
현재의 실적 : 목표 대비 60% 수준(불만의 종류 및 수준에 따라 해결할 때까지 걸리는 시간이 다를 수 있다)
기대치 : 95%, 6 시그마(최우수 기업)
개선 영역 : 고객 불만 처리 책임 부서의 처리 속도 및 재발 방지책
참고 조직 또는 기업 : T 사, K 사
정보 및 데이터의 입수 방법 : 고객 불만 처리 시스템의 데이터 베이스

고객 불만 처리 프로세스를 맵핑한다. 상세한 프로세스 흐름을 작성하여 관련 부서 담당자들을 인터뷰하고, 현재의 불만처리 시스템에 가상의 불만을 입력한 다음 모의실험을 하고, 실제의 시스템 활동을 기록하는 등 이 모든 것들을 맵핑할 필요가 있다. 이 때 상상할 수 있는 모든 불만을 고려할 필요가 있다.

다음은 프로세스를 분석한다. 프로세스를 분석할 뿐만 아니라 유용한 도구로서 브레인스토밍, 체크 리스트, 히스토그램, 연속도

Chart 30 프로세스 관계자들을 대상으로 한 서베이

각각의 스텝에 대하여
1. 그러한 활동이 실제로 일어나고 있는가?
2. 어느 조직인가?
3. 서플라이어는 누구인가?
4. 고객은 누구인가?
5. 서플라이어에 대한 평가기준은? 그리고 현재의 수준은 어떤가?
6. 고객에 대한 평가기준은? 그리고 현재의 수준은 어떤가?
7. 인풋(입력) 측의 확인 책임자는?
8. 현재 두드러지고 있는 문제는 무엇인가?
9. 현재 개선안이 있는지 여부?
10. 현재 변경 계획이 있는지의 여부?
11. 개선에 대한 저해 요인은?

브레인스토밍

체크 리스트

히스토그램
도수 분포도

런 차트
연속도

등이 있다. 이러한 도구들에 대한 상세한 설명은 관련 도서들을 참고하기 바란다.

프로세스의 분석 이외에 기본적인 검토 사항으로서 현재의 수준을 아는 것이 중요하다. 결함 및 사이클타임 두 가지 관점에서 검토한다. 프로세스 전체 또는 프로세스의 각 스텝 양쪽에서 판단해야 한다.

레스토랑의 예를 생각해보자. 결함에 대한 관점으로는 요리의 맛, 주문의 정확성, 가격, 요리의 보기 좋음, 종업원의 메뉴에 관한 지식, 레스토랑 전체의 청결도, 종업원의 태도, 요리의 온도와 신선도 등을 생각할 수 있다. 또한 사이클타임은 고객이 레스토랑에 들어와 예약표에 기록하고 테이블에 안내될 때까지 걸리는 시간, 종업원이 주문을 받는데 걸리는 시간, 요리가 제공될 때까지 걸리는 시간, 계산을 마치기까지 걸리는 시간 등의 관점에서 생각할 수 있다.

그밖에 이러한 프로세스 매니지먼트를 하는 것 이외에도 다양한 검토 사항(장애 또는 저해 요인, 이미 변경이 예정되어 있는 항목, 이전부터 검토되고 있는 개선안 등)을 정리해둘 필요가 있다. 그리고 이것을 최종적으로 프로세스 팀 전원이 확인해야 한다.

페이스 2 '프로세스 분석·이해'의 스텝 4 '프로세스의 이해'에서 마지막으로 해야할 것은 프로세스를 평가하고 우선 순위를 부여하는 것이다. 그리고 어떤 프로세스 또는 프로세스 스텝을 개선하거나 개혁할 필요가 있는가를 결정한다. 프로세스 스텝 각각에 대하여 내부의 관점에서 탁월한 프로세스인가, 외부의 관점에서, 즉 고객의 관점에서 뛰어나다고 평가받고 있는가를 프로세스 평점표에 기록해둔다.

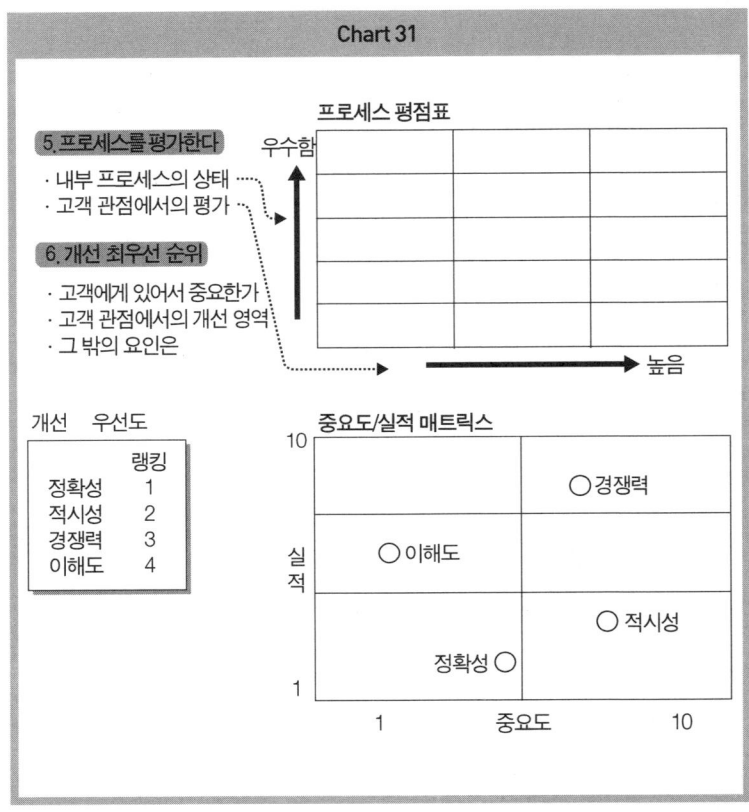

레스토랑의 내부 관점에서 보면 고객들을 정확하게 테이블로 안내했는가? 주문은 정확하게 받았는가? 주방장이 주문 받은 요리를 신속하게 요리했는가? 요리는 조리법에 따라 만들어졌는가? 요리가 주문한 고객에게 제공되었는가? 전체적으로는 생산된 제품의 불량 정도가 관리할 수 있는 한도 내에 있는가? 불량품의 수

는 목표치 이내에 있는가? 시간이 필요 이상으로 걸리지는 않는가? 서비스는 서비스 기준에 일치하고 있는가? 사이클타임이 목표치를 초과해버린 프로세스는 없는가? 등을 생각할 수 있다.

또한 고객의 관점에서 보면 요리의 맛, 주문의 정확성, 가격, 요리의 보기 좋음, 종업원의 메뉴에 관한 지식, 레스토랑 전체의 청결도, 종업원의 태도, 요리의 온도와 신선도, 고객이 레스토랑에 들어와 예약표에 기록하고 테이블에 안내될 때까지 걸리는 시간, 종업원이 주문을 받는 데 걸리는 시간, 요리가 제공될 때까지 걸리는 시간, 계산을 마치기까지 걸리는 시간 등을 생각할 수 있다.

다음에는 프로세스 평점표를 작성한다. Chart 31에서 우측 상단에 위치한 프로세스는 내부와 외부의 관점에 있어서 뛰어난 프로세스라고 말할 수 있다. 따라서 현재의 상태를 계속 유지해도 좋다고 할 수 있다. 그 밖의 프로세스에 대해서는 고객에게 있어서의 중요도 및 현재의 실적을 고려하여 중요도 및 실적 매트릭스 상에 위치를 표시한다. 매트릭스 상에 나타난 특성을 토대로 판단하여 개선·개혁이 필요한 프로세스의 우선 순위를 결정한다.

이와 같이 함으로써 개선·개혁이 필요한 프로세스의 우선 순위가 결정된다.

불만 처리 프로세스에 있어서 프로세스의 분석·평가의 예

〈고객의 관점〉

- 불만을 종류에 상관없이 모두 받아줄 수 없는가?
- 불만을 감지한 순간 즉시 접수해줄 수 없는가?
- 불만 처리를 위해 고객의 접점을 최소화할 수는 없는가?
- 불만에 관련된 필요한 정보에 귀를 기울여 줄 수 없는가?
- 고객의 불만에 대한 응답 시기는 적절한가?
- 답변에 대해 고객이 충분히 납득하는가?
- 고객이 납득할 때까지 불만을 계속 받아줄 수 있는가?

〈내부 관점〉

- 불만 접수가 적절하게 통합되고 있는가?
- 불만과 관련하여 필요한 정보는 입수하고 있는가?
- 접수한 불만 관련 정보는 정확하게 기록 유지되고 있는가?
- 불만 사항의 분류, 서비스 기준은 적절한가?
- 중요도에 따라 사내 보고는 적절하게 이루어지고 있는가?
- 불만의 종류에 따라 책임 부서는 명확한가?
- 책임자는 명확한가?
- 책임 부서로의 전달되는 내용 및 속도는 적절한가?
- 과거의 불만 관련 정보는 잘 축적되고 있는가?
- 과거의 불만에 대해 분석한 정보들 역시 잘 축적되고 있는가?

- 해결 방법은 QCD의 관점에서 적절한가?
- 재발 방지책은 적절한가?
- 같은 불만을 사전에 방지하기 위한 수평 전개 방법은 적절한가?
- 불만 관련 정보는 지식으로서 공유되고 있는가?

이상의 예들을 생각해볼 수 있다. 따라서 이상과 같은 관점과 더불어 앞에서 실시했던 프로세스 매니지먼트를 참고하여 프로세스 평점표를 작성함으로써 주목해야 할 프로세스가 명확해진다.

장기적 전략 책정 프로세스에 있어서도 마찬가지로 고객의 관점과 내부의 관점에서 분석·평가할 수 있다. 단지 이 때 고객의 관점은 다음 공정인 경영진의 관점과 동시에 최종 고객의 관점 양면을 고려할 필요가 있다.

스텝 5 목표 설정

페이스 2 '프로세스 분석과 이해' 중 스텝 5 '목표 설정'은 개혁・개선의 목표를 결정하는 것이다. 이 때 가능한 한 목표를 높게 설정하는 것이 바람직하다. 쉽게 달성할 수 있는 목표는 의미가 없다. 또한 달성 불가능한 목표를 설정하는 것도 의미가 없다. 열정만으로는 개선・개혁을 할 수 없기 때문이다. 그렇기 때문에 구체적인 목표 달성 수준을 결정하는 것이 중요하다. 예를 들면 고객 만족도 1. 5 포인트 향상, 직원들의 듣는 기술 수준을 30% 향상시킨다. 매출액 대비 순이익률을 5% 상승시킨다. 프레스 부품의 불량률을 30% 감소시킨다.

이를 위해서는 보다 우수한 프로세스를 찾아보아야 한다. 사내의 타 부서, 사외, 업계 내, 그밖에 타 업종 등의 경우를 참고할 수 있다. 다른 프로세스를 참고해서도 좋은 결과를 이끌어낼 수 있다. 또는 프로세스군, 즉 동일한 성과를 낳는 다른 프로세스를 검토하는 것도 생각해볼 수 있다. 사내, 사외, 그리고 타 업종에서도 다양한 방법을 통해 정보와 데이터를 수집한다. 내부 데이터로서는 고객 만족도의 결과, 재무 실적 결과 등을 참고할 수 있다. 외부 데이터로서는 업계의 정보, 고객으로부터 입수한 데이터, 연구 조사 기관이 제공하는 데이터, 최근에는 인터넷 등의 랭킹 데이터베이스 검색 등을 이용할 수 있다.

목표나 목표치를 설정할 경우에는 항상 QCD, 즉 품질, 비용,

Chart 32 스텝 5 – 목표 설정

1. 타 조직의 프로세스를 참고한다

- 보다 우수한 프로세스를 찾는다
- 개선 방안이 탁월한 결과를 가져올 수 있음을 예를 들어 증명한다

타 프로세스 참고
- 결과
  타사가 보다 우수한 결과를 얻고 있다
- 프로세스
  다른 프로세스

2. 데이터를 수집한다

- 사내에서
- 외부에서
  - 경쟁 기업
  - 세계적 기업으로부터 (업종에 관계없이)

3. 목표 성과 수준의 설정(6 시그마 등)

- 목표의 3요소를 명확히 한다
  (무엇을, 언제까지, 어느 정도)
- 목표 설정 근거를 명확히 한다

Q : 품질(Quality) : 공정내 불량률
　　　　　　　　　 불만처리 불량률
　　　　　　　　　 수강생의 성적
C : 비용(Cost) : 　 공정 내 폐기 비용
　　　　　　　　　 불만 처리 비용
D : 배송(Delivery) : 공정 처리 시간
　　　　　　　　　 불만 처리 시간

Chart 33

내부 데이터
· 고객 만족도의 결과
· 사내 베스트 프랙티스를 찾는다
· 재무 실적

외부 데이터
· 연차 보고서
· 업계 정보, 보고서, 업계지
· 증권 애널리스트, 컨설턴트
· 해당 분야의 전문가
· 고객, 서플라이어
· 온라인 DB 검색
· 종합 연구소

인터뷰 가이드
1. 프로세스 각각의 활동은?
2. 현재의 평가기준 및 지표는?
   달성 수준은?
3. 프로세스 관계자의 경험
   및 교육 수준
4. 정보 시스템의 사용은?
5. 중요 성공 요건은?
6. 개선의 정도는?
7. 장래의 개선 영역은?
8. 현재까지의 경험은?

사이클타임을 고려해야 한다. 또는 목표의 3요소라고 할 수 있는 '무엇을(QCD)' '언제까지' '어느 정도'를 명확히 해야 한다. 현재까지 수집된 정보·데이터 베이스를 토대로 목표의 근거를 명확히 한다. 이 과정을 생략하면 달성이 불가능한 목표나 너무 쉽게 달성할 수 있는 목표를 세우는 잘못을 범하고 만다.

고객 불만 처리 프로세스의 개선 목표의 예

〈고객의 관점〉

• 불만 해결책에 대한 고객 만족도 98%
• 처리할 때까지 걸리는 시간을 현재의 50% 수준으로 단축

• 불만 접수 건을 현재의 20% 수준으로 개선

〈내부의 관점〉
• 불만 해결책 작성 기간 30% 단축
• 동일 원인에 의한 불만의 재발률 0%
• 중대한 불만건수 50% 감축
• 전체 불만 해결 비용 15% 절감

페이스3 프로세스 개선

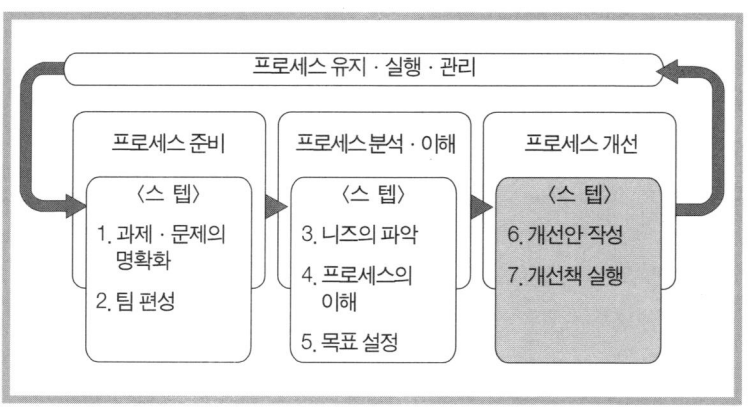

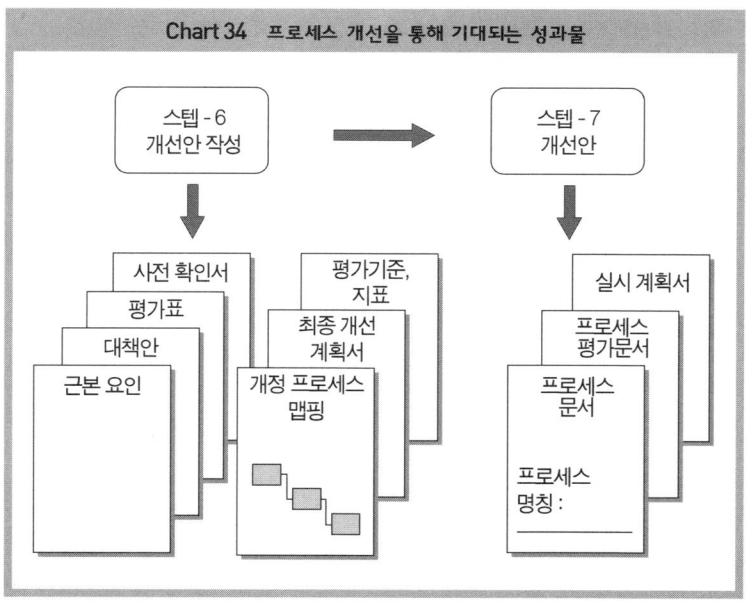

Chart 34 프로세스 개선을 통해 기대되는 성과물

페이스 3 '프로세스 개선'에는 스텝 6 '개선안 작성'과 스텝 7 '개선안 실시'가 있다.

스텝 6 개선안 작성

페이스 3 '프로세스 개선' 중 스텝 6 '개선안 작성'에서는 구체적인 개선책을 작성한다. 몇 개의 안을 작성하여 그 중에서 최선책을 선택한다.

그리하여 마침내 개선책을 수립하게 된다. 우선 프로세스 맵을 철저하게 조사한다. 과제의 달성과 문제의 해결을 위해 근본적인 원인을 분석한다. 이 단계에서 문제나 과제가 존재하는가? 프로

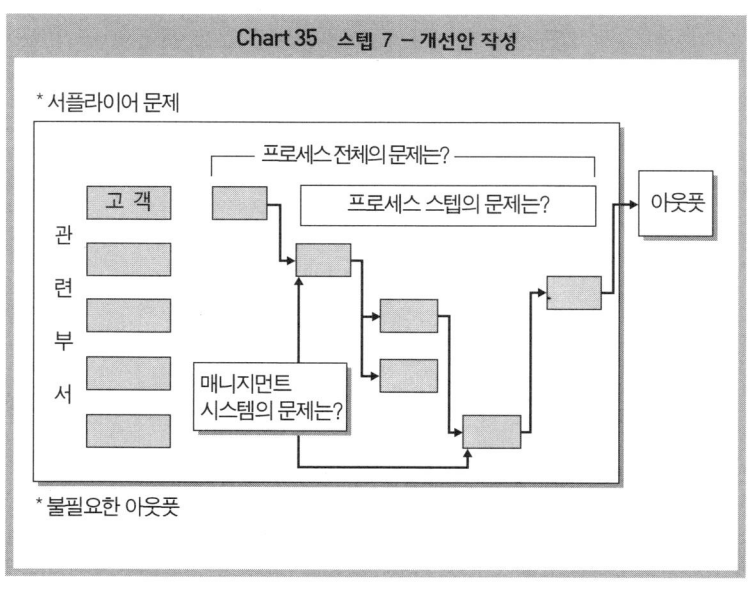

Chart 35 스텝 7 – 개선안 작성

Chart 36 근본 원인 분석

1. 문제를 정의한다

2. 가능성이 있는 원인을 찾는다

   브레인스토밍

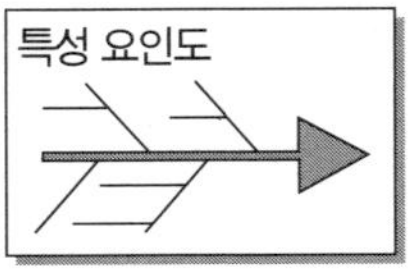

   특성 요인도

3. 보다 많은 원인을 찾는다

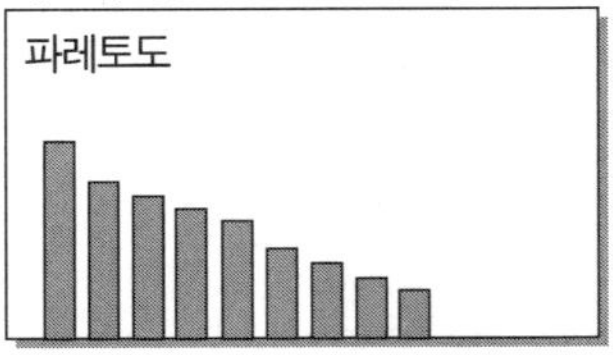

   파레토도

4. 진정한 원인을 확인한다

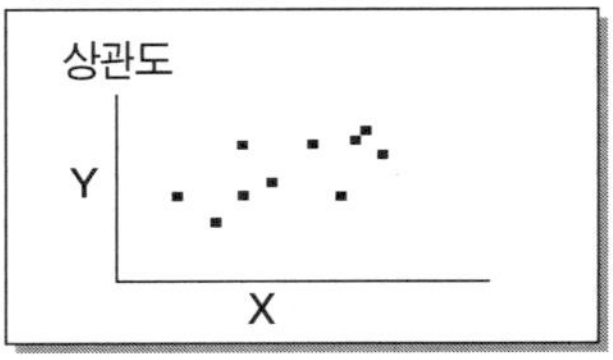

   상관도
   Y
   X

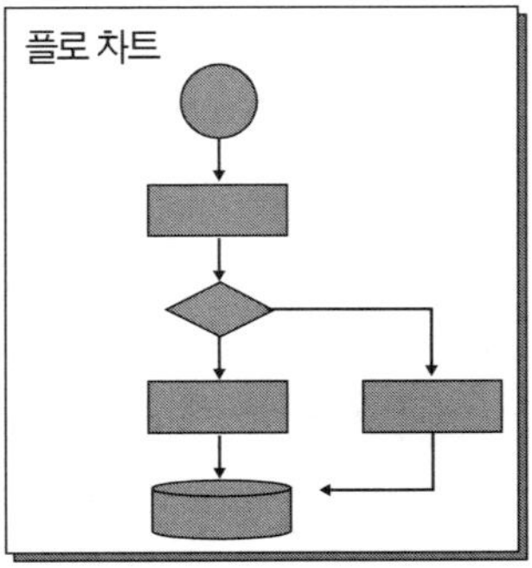

   플로 차트

세스 전체의 과제나 문제인가? 서플라이어의 과제나 문제인가? 매니지먼트 시스템 상의 과제나 문제인가? 등을 생각할 수 있다. 프로세스 내외의 과제나 문제를 구별하여 생각할 필요가 있다. 또한 부분 최적에 국한하지 않고 전체 최적의 관점에서 검토할 필요가 있다. 특성 요인도, 파레토(Pareto)도, 상관도 등을 활용한다.

개선안을 작성하기 위해서는 프로세스 팀 구성원들이 브레인스토밍을 한다. 이 시점에서는 현실성을 무시하고 효과만을 생각한다. 이 시점에서 현실성까지 생각하면 개선책을 생각할 범위가 좁아지고 만다. 발상의 전환을 행하고 최대한 많은 아이디어를 내놓는다. 기존의 낡은 사고로부터 벗어나지 않으면 안 된다. 지금까지 수집한 정보와 데이터를 십분 활용한다. 도출된 많은 '개선안'들 중에서 목표와의 연관성을 고려하여 효과가 있는 개선안을 몇 개 결합해 본다.

고객 만족도에 미치는 영향, 불량 제거의 정도, 사이클타임의 단축 정도, 프로세스의 성과에 미치는 영향, 비용, 현실성, 난이성, 타 프로세스에 미치는 영향, 개혁·개선에 걸리는 시간 등을 검토하기 위한 평가기준표를 작성한다. 이러한 정보들을 토대로 '결정 매트릭스'를 작성하고, 효과가 높다고 생각되는 몇 개의 '대책안'에 대해 평점을 매긴다. 그리고 그 결과 몇 개의 대책들 중에서 최선의 개선책을 선택한다(Chart 39 참조).

Chart 37 평가기준표

성과
* 고객 만족도에 미치는 영향
* 프로세스의 성과에 미치는 영향
* 종업원에 미치는 효과

실행
* 비용/난이도
* 타 프로세스에 미치는 영향
* 소요 시간
* 정보 시스템에 미치는 영향
* 지지 정도

오늘날 기업들의 업무 프로세스는 조직 횡단적이 되고 있다. 일본의 많은 기업들이 종단 조직인데 반해 업무 프로세스는 종단 조직에 대해 횡단으로 관통하는 형태이다. 그러나 최근에는 이러한 일련의 프로세스가 기업 내부에서만 그치지 않고 비즈니스 파트너(하청 기업, 협력 회사, 대리점, 원재료 공급 회사)에게까지 확산되고 있다. 따라서 프로세스의 개선·개혁은 프로세스와 관련된 사내에만 국한되지 않고 사외의 많은 조직들과도 연관되게 된다. 이 때문에 연관된 각 부문들의 동의와 지지를 사전에 확인할 필요가 있다.

사전에 확인할 내용은 현재 실행하려고 하는 개혁·개선의 최

Chart 38 사전에 확인해야 할 사항들

1. 고객의 기대 및 요구를 확인한다
2. 성과물과 성과의 특성에 대해 동의를 구한다
3. 개선·개혁의 우선 순위를 명백히 한다
4. 기업 환경, 직장 환경 등에 미칠 영향을 확인한다
5. 예상되는 문제, 과제, 저해 요인에 대한 대책을 검토한다
6. 시뮬레이션, 시행, 실시 결과에 따른 이해득실을 평가한다

Chart 39 최종 개선책의 결정

결정 매트릭스

	기준			
	반응속도	코스트	실행의 어려움	합계
평가 가중치	50%	20%	30%	100%
대책안 A	5	2	4	4.1
대책안 B	3	4	5	3.8
대책안 C	4	5	1	3.3

각 대책안의 평점

대 이유인 고객의 기대 및 요구이며 개혁·개선한 프로세스의 아웃풋, 즉 개선책 실시 후에 예상되는 성과물과 그 특성, 최후에 남는 몇 개의 대책안에 우선 순위를 매기고, 개선책 실시 후 프로세스가 환경과 조직에 미칠 영향, 개선책을 실시할 때 예상되는 장해 요인들에 대한 대책(누구든 변화에 저항할 수 있다)이다. 이상의 사항들을 미리 명확히 해둘 필요가 있다.

마지막으로 특정 부문 및 부서를 선택하여 개선안을 시행한다. 시행시에는 시행했을 때의 결과를 사전에 예측할 필요가 있다. 시행 결과를 평가하여 모든 부문에 걸쳐 전개할 준비를 한다. 한정된 부문 또는 부서에서의 시행이 성공리에 종료된다면 '프로세스 개선 계획'을 작성한다.

무엇을 어떤 식으로라는 개선·개혁 목적을 분명히 하고, 구체적인 제안이나 행동 계획의 문서화, 실시 스케줄. 개선책 실시 후 예상되는 프로세스 맵핑, 개혁·개선 항목, 프로세스 스텝의 책임 명료화, 개선·개혁 항목의 평가기준·지표, 평가기준·지표를 측정하기 위한 평가 시스템의 명확화, 그리고 마지막으로 최후에 개선·개혁을 실시할 사람, 자원, 금융 자원의 투입을 명확히 해야 한다. 또한 중요한 것은 우선 순위가 낮아 이번에는 개선·개혁 계획에 포함되지 못한 프로세스 또는 프로세스 스텝에 대해서는 문제점을 명확히 해놓을 필요가 있다. 남아 있는 문제를 되돌아봄으로써 새로운 프로세스 매니지먼트 기회를 얻을 수도 있다.

스텝 7 개선안 실행

페이스 3 '프로세스 개선' 중 스텝 7 '개선책 실행'에서는 결정된 구체적인 개선책을 실시한다.

Chart 40 스텝 7 – 개선책 실행의 포인트

구체적인 실시 계획을 작성하여 실행에 옮긴다.
· 일정 · 역할 분담의 결정(5W1H)
· 실시 장소
· 이정표
프로세스의 문서화를 실시한다.
개선된 새로운 프로세스를 문서화한다.

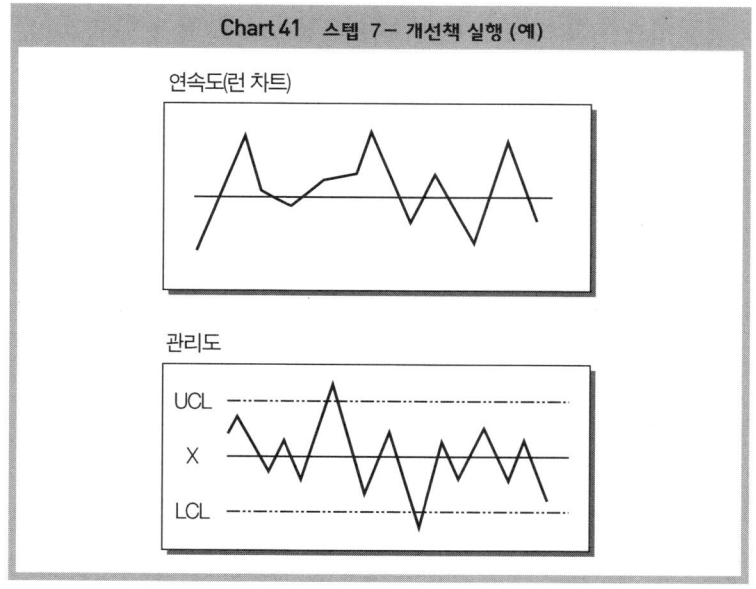

Chart 41 스텝 7 – 개선책 실행 (예)

프로세스 개선 계획에 따라 프로세스 개선 실시 계획을 작성하여 실시한다. 특정 부문의 개선책을 기업 전체, 전체 부문·부서에서 동시에 실시하는 것은 리스크가 따른다. 따라서 단계적으로 계획을 전개시켜 나가는 것이 바람직하다.

결과를 파악하고 분석하여 효과를 파악해서 필요에 따라 수정한다.

그리고 마지막으로 새로운 프로세스를 문서화한다.

프로세스 유지 · 실행 · 관리

프로세스 유지 · 실행 · 관리는 프로세스 매니지먼트를 실행하기 위한 방법인 '3 페이스 7 스텝'의 최종 스텝에 따라 문서화된 프로세스를 유지 · 실행 · 관리하는 것이다. 즉, 정의된 프로세스가 목적에 따라 실행되도록 관리하는 것이다.

1) 프로세스의 명칭, 오너, 목적에 따라 변경되지 않는다
2) 맵핑된 활동이 실행되고 있는가
3) 서플라이어와 좋은 관계가 유지되고 있는가
4) 사이클타임은 목표를 달성하고 있는가
5) 불량률 감소 목표는 달성하고 있는가
6) 필요한 정보를 필요한 시기에 입수하고 있는가
7) 입수한 정보는 정확한가

8) 성과물의 품질은 목표를 달성하고 있는가
9) 고객 만족은 목표를 달성하고 있는가

이상을 확인하는 것이 '프로세스 유지·실행·관리'이다. 만족을 얻을 수 없는 경우는 "프로세스 매니지먼트를 실행하기 위한 방법"인 '3 페이스 7 스텝'을 처음부터 다시 실행한다.

오늘날 외부 환경은 급속도로 변하고 있다.
- 기대와 요구가 변화하고 있다
- 경쟁사와의 경쟁은 더욱 치열해지고 있다
- 새로운 테크놀러지가 프로세스에 영향을 미친다
- 이 세상 모든 것은 항상 개선되고 있다

프로세스 매니지먼트를 활용한 업무 개혁·경영 혁신

04

왜 업무 개혁이 중요한가? ■
업무 개혁을 위해 무엇이 필요할까? ■

왜
업무 개혁이 중요한가?

지금까지 설명한 프로세스 매니지먼트는 대상이 되는 프로세스를 잘 이해하고, 프로세스의 목적을 달성하기 위해 최적의 형태로 경영 관리하는 것이다. 1장부터 3장까지에 걸쳐 설명한 프로세스 매니지먼트를 확실히 실행하는가에 따라 매일 PDCA 사이클이 적절하게 실시되며 현장에서의 효율화로 연결된다.

그러나 기업을 둘러싸고 있는 환경은 패러다임 시프트라고 말할 수 있을 만큼 극적으로 변화하고 있고 프로세스 매니지먼트에 따라 "개선 프로세스를 포함한 현행 프로세스"를 확실하게 실행한다고 해도 생존하기가 결코 쉽지 않다. 1장~3장에서 이미 설명한 대로 프로세스 매니지먼트에는 현행 프로세스의 개선 활동이 포함되지만 생존을 위한 현행 프로세스 자체를 근본적으로 재편성하여 새로운 프로세스로 만드는 것은 별도의 경영 변혁 기법이

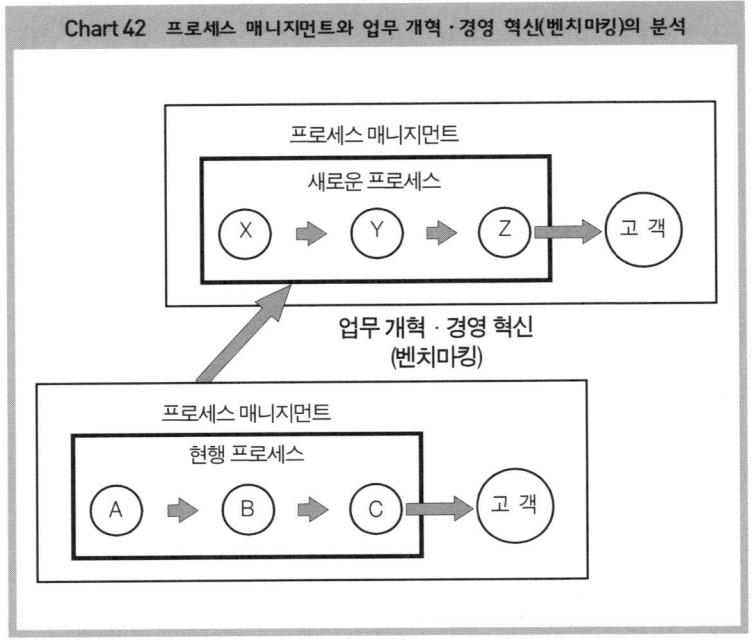

필요하다.

본 장에서는 프로세스 그 자체를 변화시키고 결국 매니지먼트의 대상이 변화하도록 하는 경우를 상정하고 있다(Chart 45 참조).

바꿔 말하면 기업 활동은 기간 업무 프로세스와 지원 업무 프로세스로 이루어지기 때문에 근본적인 프로세스 개혁(업무 개혁)을 할 경우 프로세스에 대한 기본적인 이해가 없다면 아무런 의미가 없게 된다. 당연한 일이지만 프로세스 자체를 근본적으로 변화시킨 후에는 2장과 3장에서 설명한 프로세스 매니지먼트를 실행해야 한다.

프로세스에 대한 이해가 없으면 새로운 비즈니스 모델을 창출한다해도 목적을 달성할 활동이 제대로 기능하지 못하여 격변하는 환경 속에서 결코 살아날 수 없다. 경쟁에서 이기기 위해서는 "IT 기술 기반의 세계 표준 수준의 비즈니스 모델을 구축"하는 것이 승리의 방정식이라고 한다면 승리의 방정식을 이해하는 것은 "그 비즈니스 모델을 실천하는 것", 즉 실제로 효율적으로 활동하기 위해 새로운 비즈니스 모델에 합당한 비즈니스 프로세스를 재편성하는 것이다. 이 새로운 비즈니스를 창출하는 것이 업무 개혁·경영 혁신(벤치마킹)이다.

따라서 비즈니스 프로세스의 표준을 이해하는 것 이외에 구체적인 업종, 고객층, 상품 구성, 기업 규모, 경영 성숙도 등에 따라 해당 프로세스의 변혁에 차이가 있다는 것도 이해하지 않으면 안 된다. 새로운 비즈니스 모델을 구축하려면 기간 업무 프로세스는 말할 것도 없이 지원 업무 프로세스 또한 동일하게 그 모델에 맞춰 변혁시켜야 한다.

예를 들면 환경 문제와 사회적 책임이 중요하게 되고 기업 윤리와 코퍼레이트 거버넌스(Corporate Goverance) 등이 주목을 받고 있다. 이에 따라 그린 상품과 환경 보호를 위한 환경관리 프로세스(지원 업무 프로세스)를 기간 업무 프로세스에 연결시키는 것이 중요한 성공 요인이 된다고 생각할 수 있다. 이것은 지원 업무 프로세스가 단순히 기간 업무 프로세스를 고객으로 보고 효율화를 지원하는 지원 업무의 역할이 고객 만족을 목표로 하는 역할로 변화하고 있음을 보여주고 있다.

사이클타임의 예를 생각해보면 SCM(Supply Chain Management ; 제조업 도매 소매 등 제품과 관련된 모든 과정에서 협력을 통해서 기업 간 장벽을 없애고 윈윈 하자는 프로세스 -역주)로 대표되는 밸류 체인이 철저히 효율화됨으로써 결과적으로 지금까지 상상도 못했던 원가 절감 및 가격 파괴가 가능하게 되고 품질 개선에도 커다란 영향을 미치고 있다. 이 케이스는 QCT(품질, 비용, 사이클타임) 전반에 걸친 것이지만 지원 업무 프로세스의 역할이 얼마나 큰 것인지를 잘 알 수 있다.

이러한 상황을 별도의 시각에서 보면 전체 기업 활동 인프라인 '기간 업무 프로세스'와 '지원 업무 프로세스'의 조직과 문제로 되돌아간다. 따라서 항상 프로세스에 대한 이해가 최우선적으로 이루어져야 한다. 왜냐하면 변화하는 환경 속에서 어떠한 베스트 프랙티스를 발견하여, 프로세스를 어떻게 편성할 것인가가 기업 경쟁력을 향상시키는 업무 개혁의 열쇠가 된다.

현재의 프로세스 매니지먼트는 업무 개혁ㆍ경영 혁신에 따라 대상 프로세스가 바뀌어 새로운 프로세스 매니지먼트가 시작된다.

업무 개혁을 위해
무엇이 필요할까?

변화의 시대에 기업 경쟁력을 향상시키기 위해 기존의 방식을 새롭게 수정하는 데 절대적으로 필요한 것은 현행 프로세스를 개선·개혁하는 일이다. 또한 격변하는 경쟁 환경을 고려하여 전사적(全社的) 관점에서 프로세스를 개선할 필요가 있기 때문에 '자기 평가(Self Assement)'를 중심으로 한 경영 품질 향상 활동을 지속적으로 추진하고, 근본적인 프로세스 개혁을 위해 리엔지니어링과 벤치마킹을 실시하는 등 전반적인 개선·개혁 활동을 하는 것이 중요하다(5장~7장 참조).

예를 들면 클레임 처리에 관한 업무 개혁에 대해 살펴보면 고객 만족도를 조사하고, 고객 불만 처리에 대해 베스트 프랙티스를 보유하고 있는 기업들의 수가 많아지고 있다. 그런 기업에서 베스트 프랙티스를 도입하기 위한 벤치마킹을 하면 된다. 또한 스피드 시대이니 만큼 사이클타임을 벤치마킹함으로써(자세한 내용은 5장 참조) 업무 프로세스의 시간도 단축할 수 있다.

▎CS 경영

치열한 경쟁 속에서 효율적이고 효과적인 경영을 하기 위한 조직을 만드는 것이 바로 개선·개혁이다. 그리고 이를 위해 고객가치를 창조하는 것이 개선·개혁의 목적이 되어야 한다. 중요한 것은 환경이 변화해도 기업의 실적을 향상시킬 수 있는 "경영에 필요한 기능과 정보가 무엇인지"를 진지하게 생각하는 것이다. 결국 고객과 시장이 변화하는 가운데 고객이 원하는 제품이나 서비스만을 제공하는 것(CS 경영)이 중요한 성공 요인(CSF)이다. 이렇게 하지 않으면 기업 경쟁에서 뒤지게 되고 고객으로부터 버림을 받게 된다. 이를 위해서는 항상 사물의 본질을 고려하여 오늘날 시대에 합당한 경영 방법을 찾는 것이 중요하다.

왜냐하면 새로운 비즈니스 모델의 성패는 과거의 성공 체험에 따라 정당화되는 것이 아니라 현재와 미래의 사회 시스템과 고객이 평가하는 프로세스에 의해 정당화되지 않으면 안 되기 때문이다.

프로덕트 아웃(Producr Out)이 아니라 마켓 인(Market In)의 발상으로 새로운 환경에서 우선 '무엇(What)'을 해야 할 것인가를 결단하고, 프로세스의 개선을 통해 거기에 맞는 새로운 방법 (How)을 개발하지 않으면 안 된다. 말하자면 목적도, 전략 실행도 새롭게 (What + How = Whathow 라는 사고방식으로) 하지 않으면 성공할 수 없다.

새로운 사고방식의 출현

기존의 소품종 대량 생산 방식에 따른 원가 절감, 많은 제품들을 동일한 방식으로 진열한 판매 방법, 장기 예측에 다른 전략 수립, 고품질 제품의 제조 등을 포함한 경영상의 의사 결정 등이 이제는 더 이상 적절한 경영 방법 및 경영 판단이 아님을 보여주는 사례가 많이 발생하고 있다. 결국 경영 환경이 극적으로 변화한 결과 기존의 경영 기법은 더 이상 효과가 없다. 우리는 10년 전과는 완전히 다른 환경에 직면해 있다고 생각하는 편이 좋을 것이다. 오늘날 우리를 둘러싸고 있는 새로운 환경 중에는 고객 지향의 다양화, IT 기술의 발달, 규제 완화, 글로벌화, 환경 문제, 사회적 책임 등에 따른 변화를 포함하고 있기 때문에 고객뿐만 아니라 직원, 비즈니스 파트너, 기타 사회의 각종 이해 관계자들을 만족시키지 않으면 생존할 수 없다는 것이 엄연한 현실이다.

지금까지의 방법은 이익을 창출하지 못할 경우에 공장을 폐쇄

하거나 폐점하지 않으면 안 되었다. 결국 "기존에는 적절했던 방법이 지금은 더 이상 적절하지 않는 상황"도 발생할 수 있다는 사실을 이해할 필요가 있다. 두드러진 예로서 "금융 기관의 부실" "백화점과 슈퍼마켓의 부진" "평일 식품 반액 세일의 성공" "100엔 가게의 출현과 확대" "인터넷 판매 등 전자 상거래의 대두" "1인 1대 컴퓨터 시대의 도래" "휴대 전화의 폭발적인 보급" 등을 들 수 있다.

새로운 TQC 사고방식

'고급품의 대명사'라고 할 수 있는 "메이드 인 재팬" "만들기만 하면 팔린다"는 신화는 이제 먼 옛날 이야기이다. 물론 일본 제품이 저가품으로 팔리고 있다는 이야기는 아니다. 의류의 경우 값싼 대형 할인점이 늘어나는 것이 아니라 가격에 비해 품질이 좋은 제품 판매점이 늘어나고 있다. QC(품질관리)의 대가라고 할 수 있는 데밍 박사마저도 고객 중심으로 움직이는 시대를 예견하여 그 시대 최고의 기술을 투입하고 최고의 기술자가 최고의 제품을 생산한다고 해도 팔리지 않는다면 '불량품'이라고 말했다.

글로벌화의 확산으로 인하여 도서 판매를 시작으로 세계 최대의 인터넷 판매 기업으로 일컬어지는 아마존(Amazon.com)과 일본 슈퍼마켓의 판도를 바꿔놓은 까르푸, 미국의 월마트가 일본에 상륙했다. 그 결과 좋고 나쁨을 떠나 기업 경쟁의 질이 급격하게 변화하고 있다. 이 같은 상황에 처해 있음에도 불구하고 거의 대다수의 기업들이 현실을 명확하게 인식하지 못하고 그로 인한 적절한 대책도 수립하지 못한 채 구태의연한 기존의 낡은 툴에 얽매여 있다. 오늘날과 같은 치열한 경쟁 시대에는 부분 최적에 그치지 않고 전체적인 비용 절감 및 경영 전반의 품질 향상을 지향하지 않으면 안 된다. 이것은 기업 윤리 차원에서 "좋은 제품을 만드는 것(프로덕트 아웃)"이 아니라 "고객이 원하는 것을 만드는 것(마켓 인)" 체제로의 이행을 의미하고 있다.

기업 경영자는 '제품 제조 경영'의 사고에서 '고객 만족(CS) 경영' 사고로 의식 개혁을 하지 않으면 안 된다. 더 나아가 규모의 대소에 상관없이 기업의 구조를 마켓 인 형태의 전체 최적 시스템으로 변화시켜 고객이 원하는 것을 원하는 가격에, 그리고 원하는 시기에 제품 및 서비스를 제공하지 않으면 안 된다. 사실 가격을 반액 이상 인하한 관리 경영의 대명사 맥도널드, 그리고 고품질이면서도 염가에 판매하는 표준형 의류 제품의 독특한 판매 전략도 벽에 부딪혔다. 어쩌면 새로운 형태의 원투원 마케팅이 요구되고 있는 것인지도 모른다. 그것은 바로 업무 개혁 · 경영 개혁을 바라는 고객의 소리이다. 내일 생존하기 위해서는 고객이 탁월하다고 평가해주는 경영(가장 칭찬 받는 기업)을 지향하는 한편 고객과 주주뿐만 아니라 기업을 지속적으로 지탱해주는 이해 관계자 전체를 포함하여 1) 전체 시스템의 품질 향상, 2) 경영 전반에 걸친 비용 절감, 3) 경영 전체 프로세스의 리드타임 및 사이클타임의 단축을 하지 않으면 안 된다.

프로세스 매니지먼트의 활용

 업무 개혁·경영 혁신은 특정한 목적을 달성하기 위함에 있어서 환경 변화에 따른 부적절한 상황이 생긴다는 것을 전제로 한다. 또한 그런 상황을 적절하다고 판단되는 상태로 이끌어 가려는 노력이 바로 행동 원리다. 따라서 현재의 상황이 기초가 되기 때문에 현재 움직이고 있는 기간 업무와 지원 업무의 프로세스 매니지먼트를 적확하게 실행하면 업무개혁을 쉽게 이룰 수 있다.
 프로세스 매니지먼트를 적절하게 실행함으로써 PDCA 사이클의 각 단계에서 대상 프로세스의 평가가 가능하고 무엇을 개혁해야할지 명확하게 알 수 있다. 결국 프로세스 매니지먼트의 3 페이스(3장 참조)인 프로세스 개선으로는 대응할 수 없는 근본적인 개혁의 필요성은 프로세스 매니지먼트를 적절하게 실행함으로써 개선과 개혁(변혁)의 갭이 명확히 보이므로 알 수 있다.

05 프로세스 벤치마킹

프로세스 리엔지니어링은 벤치마킹으로 ■
벤치마킹에 의한 프로세스 변혁의 6가지 키 포인트 ■
기간 업무 프로세스의 평가·개선 ■
벤치마킹의 효과 ■
벤치마킹 도입 스텝 ■
벤치마킹의 종류와 특징 ■
벤치마킹의 행동규범 ■

프로세스 리엔지니어링은 벤치마킹으로

  기업이 성공하기 위해서는 새로운 비즈니스 모델을 창출하고 그 비즈니스 모델을 토대로 효과적인 활동을 해야 한다. 그렇다면 실제로 이익을 증대시키는 조직과 프로세스는 어떤 것일까?
  기존의 업무 프로세스를 경영 환경 변화에 대응할 수 있는 형태로서 근본적으로 변혁시키는 것이 리엔지니어링이다. 따라서 이러한 리엔지니어링을 보다 확실하게 실행할 수 있는 경영 변혁 기법이 벤치마킹이다. 벤치마킹이란 사내 외의 베스트 프랙티스를 배우는 기법이지만 벤치마킹의 성공 열쇠는 무엇보다도 현재의 방식을 분석하고, 특히 타 업계 최고의 방법을 배우려는 겸허한 자세라고 할 수 있다.

벤치마킹에 의한 프로세스 변혁의 6가지 키 포인트

 4장에서 설명한 것처럼 프로세스 매니지먼트를 활용한 업무 개혁·경영 혁신은 벤치마킹을 활용하면 성과를 높일 수 있다. 여기서는 벤치마킹에 의한 프로세스 변혁의 6가지 포인트에 대해 설명하기로 한다.

▎경영환경 변화의 인식

 벤치마킹의 목적은 주로 SWOT(강점/약점/기회/위협) 분석을 통해 명확해진 약점인 대상 업무 프로세스의 성과를 향상시키는 데 있다. 그러나 이를 위해서는 대상 업무를 포함한 환경분석에 따라 해당 업무 프로세스에 영향을 미치는 기업 환경 변화의 상태를 적절하게 파악하지 않으면 안 된다. 이러한 경영 환경 변화를 정확하게 인식함으로써 프로세스의 방향이 명확해지고 그 효과도 예측할 수 있게 되어 근본적인 프로세스의 변혁과 연계할 수 있다.

▌범직능적(Cross-Functional) 프로세스의 사고

경쟁이 치열해지고 있는 오늘날 기업 프로세스의 근본적인 개혁에 의해 전체 시스템의 품질(경영 품질)의 향상, 전체 프로세스의 비용 절감 및 사이클타임의 단축 및 최적화를 추구하고 업무 향상을 달성하지 않으면 안 된다. 이 경우에 변혁의 시점으로서는 부문 최적이 아니라 전체 최적을 목표로 삼는 것이 중요하다. 이를 위한 핵심 포인트는 범직능적 프로세스 사고이다.

▌고객 가치 창조

"제품은 일본제" 또는 "일본 제품은 고급품의 대명사"라고 해도 현재는 공급 과잉의 시대라고 할 수 있는 만큼 "좋은 제품만 만든다면 팔리는" 시대는 아니다. "프로덕트 아웃의 사고로 공급한 최우량 제품이 팔리지 않는다면 그것은 불량품이다"고 말하듯이 마켓 인이라고 할 수 있는 고객 가치를 창출하는(고객이 정말로 바라는 것만을 만드는) 것이 주요 핵심이다.

외부의 베스트 프랙티스에서 배운다

이미 오랫동안 익숙해진 업무 프로세스를 고객 가치 창출형으로 변혁시키는 것은 "말하기는 쉽지만 행동으로 옮기기는 어려운" 것이다. 인간은 과거의 경험을 통해 배우기 때문에 고정관념을 갖게 되어 근본적으로 새로운 아이디어를 갖기가 쉽지 않다. 따라서 내부에는 존재하지 않거나 내부의 상식에 얽매이지 않는 외부의 베스트 프랙티스에서 배우는 벤치마킹이야말로 각광을 받고 있다.

시스템 사고를 통해 문제의 근원을 파악한다.

벤치마킹에 의한 프로세스의 변혁에 있어서 중요한 또 한 가지 핵심은 복잡한 경영 시스템을 극복하는 것이다. 문제점을 표면적으로만 파악하지 않으며 동일한 문제가 두 번 다시 일어나지 않도록 한다. 또한 문제가 왜 일어나는지에 대한 근본적인 원인을 분석한다. 즉, 외부의 베스트 프랙티스를 표면적으로만 파악하지 말고 왜 그렇게 되고 있는지를 파악하는 것이 중요하다.

▌프로세스의 평가 · 개선을 명확하게 실시한다

앞에서 언급한 5가지 포인트를 적절하게 실행하기 위해서는 프로세스가 무엇인지를 명확하게 이해하는 것이 중요하다. 또한 현재 실행하고 있는 프로세스 매니지먼트의 정도를 파악할 필요가 있다. 프로세스 매니지먼트를 적절히 실행하면 현행 프로세스와 비교가 되는 베스트 프랙티스와의 프로세스 갭을 객관적으로 평가할 수 있다.

기간 업무 프로세스의 평가·개선

　기간 업무 프로세스의 개혁을 위해서는 다양한 시각에서의 어프로치가 필요하지만 특히 QCT(품질, 비용, 사이클타임)의 3가지 성공 요인에 주목하면 개혁을 위한 베스트 프랙티스가 보인다.

　그러나 벤치마킹은 내부에서는 개혁이 불가능하기 때문에 실행하는 것이므로 프로세스의 평가·개혁을 실천할 경우 다음과 같이 수행할 과제가 많다.

1) 연구 개발 부문의 생산성에 대한 평가기준의 설정이 어렵다.
2) 연구 개발 추진 관리를 어떻게 수치화해야 할까.
3) 생산 기술 부문, 품질 관리 부문, 공무 부문, 총무 부문 등의 평가 기준과 성과 지표를 어떻게 해야 할까.
4) 본사 기능 및 간접 스탭 부문의 평가 지표와 측정 지표를 어떻게

수치화 할까.

5) 수년간에 걸친 업무 평가기준 및 측정 지표의 수치화는 어떻게 할까.
6) 인재 육성을 위한 교육·연수 효과를 효과적으로 파악할 평가기준 및 측정 지표는 어떻게 할까.
7) 타사와의 합작 프로젝트 등을 수행할 경우 사업의 평가기준 설정은 결코 쉽지가 않다.
8) 정보 시스템 및 네트워크의 안전성을 위한 투자 효과를 어떻게 측정할까.
9) 감사 업무의 유효성을 측정하는 평가기준을 어떻게 결정하고 어떤 식으로 측정할까.
10) 경영 지표의 유효성을 평가하는 방법과 평가기준을 어떻게 할까.

그러나 적절한 평가기준과 측정 지표가 결정되면 앞에서 언급한 것과 같은 어려운 과제가 있다해도 벤치마킹에 의한 개혁과 개선이 가능하다.

벤치마킹의 효과

　벤치마킹을 지도할 때 참가자들에게 자주 던지는 질문은 "정말로 참고가 되는가?"이다. 지금까지 벤치마킹에 관한 10년간의 컨설팅 경험으로 비추어볼 때 벤치마킹은 업무 개혁에 정말 참고가 된다고 할 수 있다. 왜 참고가 되는가 하면 유사한 프로세스가 무수히 많기 때문이다. 예를 들면 "경리 시스템은 대부분 동일하기 때문에 참고가 된다"는 말은 쉽게 이해할 수 있을 것이다. 혹은 고객 불만 처리 시스템의 베스트 프랙티스 업무처리 방식이나 톱 세일즈맨을 초빙하여 그의 노하우를 듣는 것 모두 도움이 될 거라는 것을 알 수 있다.

　그러나 "상품개발이라면 알 수 없다." "상대가 상품 개발을 가르쳐줄 리가 없기 때문에 상품 개발을 벤치마킹 한다는 것은 무리다."고 말할 수도 있지만 반드시 그런 것만은 아니라고 설명한다.

왜냐하면 상품 개발 역시 상품 개발 프로세스이기 때문이다. 스파이처럼 경쟁 상대에게 무엇을 개발하고 있는가 물어볼 수는 없을 것이다. 그러나 개발 시간을 단축한다든가, 비용을 절감한다든가, 개발 아이디어를 충분히 얻는다든가, 아이디어를 얻기 위해서는 무엇을 해야하는가 등은 프로세스이기 때문에 결코 비밀이 아니다. 상품 개발 프로세스는 어느 기업에든 있기 때문에 충분히 가르쳐 줄 수 있다. 특히 경쟁 상대와 기브 앤 테이크식의 정보 교환을 할 수 있다면 얼마든지 벤치마킹이 가능하다. 물론 현재 무엇을 개발하고 있는 지는 말할 수 없을 것이다. 상품은 달라도 프로세스는 똑같다. 예를 들면 자동차를 만들든 컴퓨터를 만들든 1) 절단한다 2) 주조한다 3) 구멍을 뚫는다 4) 조립한다 5) 코딩을 한다는 등의 프로세스는 동일하다. 따라서 타사 또는 타 업계의 우수한 사고방식이나 방법들을 도입할 수 있는 것이다. 이것이 벤치마킹이며 여기에 벤치마킹의 장점이 있다.

벤치마킹의 효과를 종합하면 다음과 같다.

1) 수익/효과의 개선 · 개혁과 연결된다
2) 변혁을 가속시킬 수 있고 변혁을 매니지먼트할 수 있다
3) 보다 높은 목표를 설정하여 실적 향상에 기여할 수 있다
4) 현상 타파/혁신을 실현할 수 있다
5) 긴박감을 창출할 수 있다

Chart 43 벤치마킹의 본질

어느 쪽이 좋은 회사일까?

섹션		A사 (공장)	B사 (공장)
	①	7	3
	②	2	3
	③	2	3
	④	2	3
	⑤		
생산고 합계		15	15

만일 사내 벤치마킹을 한다면 어떻게 될까?

생산고가 모두 동일하게 7이 되도록 할 수 있다.

섹션		A사 (공장)		B사 (공장)
	①	7		3
	②	2	7	3
	③	2	7	3
	④	2	7	3
	⑤	2	7	3
생산고 합계		15	35	15

6) 자기만족 또는 자만심을 극복할 수 있다

7) 외부 세계를 봄으로써 자신을 알 수 있다

8) 월드 클래스의 활동·성과를 이해할 수 있다

벤치마킹 효과의 본질은 Chart 43에 잘 나타나 있다.

A사(공장), B사(공장)의 섹션 1)~5)는 규모와 생산품 모두 동일하다고 가정한다. 따라서 A사나 B사의 생산고(매출액 및 이익 등) 합계 또한 똑같기 때문에 회계상의 차이도 없다. 그러나 Chart 43에서 볼 수 있듯이 A사가 사내 벤치마킹을 하면 A사의 섹션 1)의 최상의 방식을 섹션 2) ~ 5)에 도입할 수 있기 때문에 효과(15의 생산고가 35가 된다)를 낼 수 있다. 이것이 벤치마킹 효과의 진면목이다.

한편, B사는 전 섹션의 업무 방식이 동일하기 때문에 사내 벤치마킹이 아니라 외부 벤치마킹을 실시할 필요가 있다.

벤치마킹 도입 스텝

벤치마킹은 1980년대 미국의 제록스사에 의해 최초로 체계화되어 전세계에 보급되었다. 일본에는 1990년대 중반에 소개되었다. 벤치마킹 도입의 10가지 스텝은 다음과 같다.

1) 무엇을 벤치마킹할지 결정한다.
2) 벤치마킹 추진 팀을 구축한다.
3) 벤치마킹 프로젝트를 계획한다.
4) 벤치마킹 대상 프로세스를 현상 분석한다.
5) 대상 프로세스에 관해 공개된 베스트 프랙티스 정보를 수집하고 벤치마킹 대상으로서 가능한 기업들의 목록을 작성한다.
6) 대상 기업을 선정하고 방문·조사하여 베스트 프랙티스 정보를 수집한다.

7) 베스트 프랙티스 정보를 분석한다.
8) 자사의 기업 문화를 고려한 벤치마킹 실행 계획서를 작성한다.
9) 대상 프로세스의 변혁을 도입·실행한다.
10) 변혁을 모니터링한다.

벤치마킹 도입 스텝은 기본적으로는 동일하지만 상기 10가지 스텝을 통합 또는 세분하여 4가지 스텝에서 15가지 스텝으로 구성할 수 있다.

벤치마킹의 종류와 특징

벤치마킹의 종류는 그 대상 및 범위에 따라 분류되며 대표적인 5가지 벤치마킹 기법의 개요를 소개하면 다음과 같다.

▎사내 벤치마킹

동일한 조직내 또는 그룹 등 기업 내에서 최적 업무 프로세스를 비교·연구한다. 사내 데이터를 이용하기 때문에 정보를 입수하기가 쉽다고 말할 수 있지만 근본적으로 새로운 아이디어를 얻을 가능성은 작다.

▎경쟁자 벤치마킹

동종 업계의 경쟁 상대의 전략, 프로세스, 실천 방법 등을 배운다. 직접 경쟁 상대이기 때문에 직접적인 경쟁 대상의 정보는 입수하기 어렵다. 기브 앤 테이크 방식을 통해 보다 높은 효과를 올릴 수 있다.

▎프로세스 벤치마킹

업종에 상관없이 베스트 프랙티스를 분석하는 것이다. 프로세스의 관점에서 보면 업종, 업계, 조직을 초월하여 최대한 많은 정보를 수집함으로써 진정한 베스트 프랙티스를 발견할 가능성이 높다.

▎전략 벤치마킹

전략에 관한 항목. 예를 들면 시장, 고객, 투자, 중요 프로세스, 기술, 자원 분배 등에 있어서 향후의 동향/선택에 관한 조사 분석 등을 의미한다. 경영진들과 관련된 주요 사항들이기 때문에 이해하기 어려울 수도 있다.

▌글로벌 벤치마킹

벤치마킹 대상 기업의 범위를 국내로 한정하지 말고 세계적 수준의 기업들과 비교하기 때문에 비용이 들긴 하지만 국가마다 특색 있는 방식을 배울 수 있으므로 효과는 크다.

그밖에도 직능적 벤치마킹, 성과 벤치마킹 등이 있다.

벤치마킹의 행동 규범

벤치마킹을 실시할 때는 직접적인 법적 규제가 없기 때문에 자발적인 규범에 토대를 두는 것이 바람직하다. 기본적으로 양자간의 계약인 기브 앤 테이크를 바탕으로 한 상호 신뢰를 토대로 한다.

벤치마킹 추진 회의에서 활용할 수 있는 행동 규범 항목은 다음 8가지를 들 수 있다.

1) 합법성의 원칙
2) 교환의 원칙
3) 기밀의 원칙
4) 사용의 원칙
5) 접촉의 원칙
6) 준비의 원칙

7) 완결성의 원칙

8) 이해와 행동의 원칙

비즈니스 특허 및 기밀 유지 의무 계약 등 법률에 관한 사항은 변호사와 상담하는 것이 바람직하다.

06 프로세스의 리엔지니어링

- 리엔지니어링은 백지 상태에서 구축하라
- 리엔지니어링과 벤치마킹
- 리엔지니어링으로 프로세스의 QCT 향상을 목표로 한다
- 프로세스의 평가와 리엔지니어링의 방법

리엔지니어링은 백지 상태에서 구축하라

얼마 전까지만 해도 전세계의 많은 기업들이 리엔지니어링(Reengineering)을 경영 개혁의 구세주처럼 생각하고 적극적으로 도입해왔다. 당시 리엔지니어링의 주된 취지는 명쾌했다. 즉 "패러다임의 전환이 일어났기 때문에 기업이 거기에 부응하지 못하면 더 이상 생존할 수 없다. 따라서 기업은 현재의 프로세스를 제로 베이스에서 재고하고 기업 활동 방식을 백지에서부터 다시 구축할 필요가 있다"는 것이었다.

그러나 현재는 리엔지니어링 혁명 대신 IT 혁명의 시대라고 일컬어지고 있다. IT 혁명을 성공으로 이끌기 위해서는 IT를 기업 활동에 결부시킬 필요가 있다. 기업 활동 자체가 시대에 뒤떨어져서는 아무것도 되지 않는다. 기업 활동의 목표는 고객 만족이며 무엇보다도 고객과 연관된 업무 프로세스 경쟁에 있어서 승리할 수 있는 최적 형태로 리엔지니어링해야 하며 이 리엔지니어링을 성공시키는 최대의 요인은 "구축된 새로운 비즈니스 모델과 결합시킨 비즈니스 프로세스를 재편할 수 있는가" 하는 것이다. 왜냐하면 새로운 비즈니스 모델을 구축한다 해도 기존의 업무방식(비즈니스 프로세스)을 답습하고 있다면 비즈니스 모델 자체가 그림의 떡이기 때문이다. 또한 새로운 비즈니스 프로세스를 구축하려 해도 새로운 비즈니스 모델이 토대가 되지 않으면 근본적인 개혁을 기대할 수 없다. 그것은 기존의 조직을 단순히 지속하고 있는 것에 불과할 뿐이다.

리엔지니어링과 벤치마킹

프로세스 매니지먼트의 목적을 뛰어넘어 프로세스 자체의 개편과 개혁 방법이 바로 리엔지니어링과 벤치마킹이다. 따라서 이것들은 근본적인 효과를 목표로 적절한 프로세스 매니지먼트를 실시해도 기업의 목적을 달성할 수 없는 경우에 실행해볼 수 있는 경영 변혁의 기법이라고 할 수 있다.

리엔지니어링과 벤치마킹의 가장 큰 차이는 벤치마킹이 베스트 프랙티스라고 할 수 있는 타사의 행동 규범까지 포함하고 있다는 점이다. 또한 리엔지니어링은 근본적인 프로세스의 재편성임에 비해 벤치마킹은 프로세스의 재편성뿐만 아니라 전략, 기능, 퍼포먼스, 조직 등이 베스트라면 벤치마킹의 대상이 된다. 결국 타사의 베스트 상태를 배우는 것이 벤치마킹이라고 할 수 있으며 리엔지니어링보다 넓은 개념이라고 생각하면 이해가 쉬울 것이다

(Chart 44). 따라서 리엔지니어링을 업무 프로세스의 근본적인 개혁을 위해 실시할 경우 '비즈니스 프로세스 엔지니어링'이라고 부른다. 한편 프로세스 매니지먼트는 양자가 목표로 하는 변혁이 아니라 현상 프로세스의 적절한 관리와 함께 내부 효율을 올리기 위해 필요한 개선(Chart 44 프로세스 개선 참조)이 그 대상이 된다.

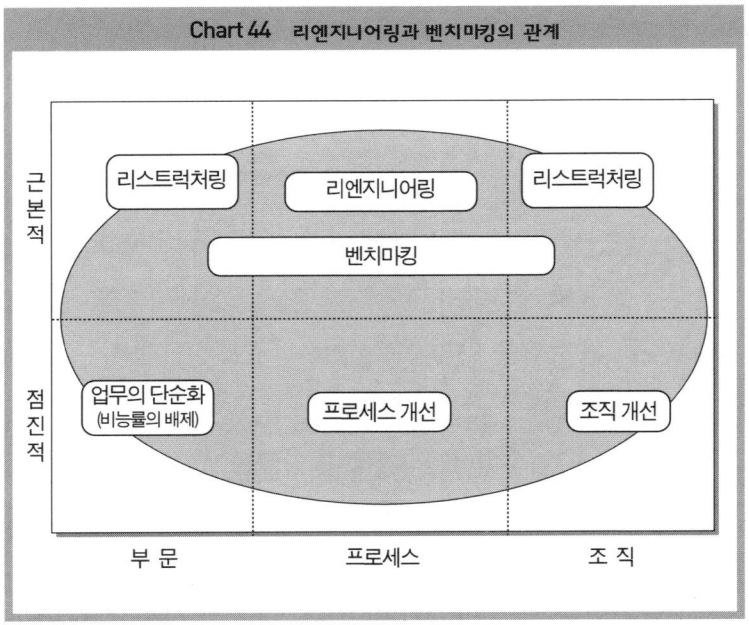

리엔지니어링으로 프로세스의 QCT 향상을 목표로 한다

극단적으로 말하자면 비즈니스 프로세스의 리엔지니어링은 기업의 성공 요인인 품질(Q)을 향상시키고, 비용(C)을 절감하며, 사이클타임(T)을 단축시키는 것이다. 왜냐하면 고객은 기업이 제공하는 제품 및 서비스의 품질을 높일 것을 요구하고 같은 품질이라면 가격(비용)이 낮기를 원하며 필요할 때 손에 넣을 수 있기를(적절한 사이클타임에) 원하기 때문이다.

그러나 이러한 리엔지니어링을 실행한다하더라도 고객 만족을 목표로 삼고 무엇보다도 기업을 둘러싼 환경 변화를 이해하며, 그 변화에 대응할 수 있는 비즈니스 모델을 구축한 뒤 이를 실행할 조직과 함께 새로운 비즈니스 프로세스를 재구축하지 않으면 고객이 평가하는 QCT의 근본적인 향상을 기대할 수 없다. 이와 같은 노력이 이루어지지 않을 경우 점진적인 개선에 그치고 말아 경쟁에서 승리할 수 있는 조직이 될 희망은 없다.

오늘날과 같이 경쟁이 치열한 사회에서는 기간 업무와 지원 업무의 QCT 향상에는 수작업 중심의 점진적 개선과 함께 특히 IT로 무장한 근본적인 QCT의 개혁이 필요하다. 이를 위한 도구로서 SCM, CRM, 데이터 마이닝, 지식 데이터 베이스, 지식 맵핑, WBT, B to B, B to C, 기업 포털 등과 같은 다양한 경영 기법들을 활용할 수 있다.

다만 실제 경영에 있어서 QCT는 고객과 연계된 업무 프로세스에 밀착되어 있기 때문에 IT도 업무와 밀접하게 연결되지 않으면 안 된다.

사실 Chart 45에서처럼 IT 무장에 있어서 실질적 리더인 CIO(정보 담당 최고 경영자)를 대상으로 한 "미국 CIO의 역할과 변화" 조사 결과를 보더라도 "비즈니스 프로세스의 합리화"가 2위 "제품 개발 프로세스의 개선"이 6위를 차지하고 있는 것을 볼 때 업무 프로세스의 리엔지니어링이 중요하게 여겨지고 있다.

이처럼 IT가 비즈니스 자체를 지원한다고 생각되면서 전부터 언급해왔던 'IT에 의한 스피드와 양적 처리"에서 'IT의 질적 처리"로 중점이 옮겨지고 있다. 'IT로 경영의 어떤 부분이 가능할까?" "고객 가치 창출에 어떤 효과를 발휘할 수 있을까?" "새로운 경영 기법은 어떤 것일까?" "최상의 업무 방법은 무엇일까?" 등 고객의 시각에서 모든 비즈니스 프로세스(특히 핵심 프로세스)를

Chart 45 CIO 역할의 변화

1. 고객 서비스의 개선 ···94%
2. 비즈니스 프로세스의 합리화 ································91%
3. 외부 고객 니즈의 충족 ··88%
4. 마케팅 우위의 창조 ··82%
5. 고객 데이터의 조직화 및 활용 ·······························81%
6. 제품 개발 프로세스의 개선 ····································78%
7. 전사적 차원의 기술 연수 실시 ·······························72%

(출처 : Information Week의 「CIO의 역할 우선 순위 조사」)

리엔지니어링하는 사례가 증가하고 있다.

결국 기존 프로세스를 양적 차원에서만 개선하려고 하는 것은 한계가 있다는 데 주목할 필요가 있다. 프로덕트 아웃 사고에서 마켓 인 사고로 전환하는 순간 그 효과도 높고 효과의 영역 또한 확대된다.

IT는 경영의 다양한 분야에 침투되어 경영을 변화시킨다. 이처럼 경영에 침투된 IT를 생각해보면 IT는 "유저 친숙(User Friendly)의 역사" 그 자체라고 할 수 있다. 과거에는 며칠씩 걸렸던 업무의 처리가 지금은 퍼스널 컴퓨터 덕분에 순식간에 처리된다. 또한 휴대 전화를 이용하여 인터넷에 연결하는 유비쿼터스(Ubiquitous) 시대의 도래가 이를 말해주고 있다. 나아가 리엔지니어링은 IT와 융합하여 절대적인 효과를 발휘하고 있다.

 5장에서 설명한 벤치마킹과 마찬가지로 리엔지니어링을 실행한 후에는 적절한 프로세스 매니지먼트가 필요하다는 것은 말할 필요도 없다.

프로세스의 평가와
리엔지니어링의 방법

리엔지니어링을 해야 할 프로세스의 좋고 나쁨을 어떻게 판단하면 좋을까? 환경이 급변하는 시대에는 다음과 같은 단계가 효과적이다.

▍적절한 사업 영역의 인식

세계화와 규제 완화의 진전, 또는 신기술의 도입과 전자상거래의 등장을 시작으로 극심해진 경쟁 환경을 인식하고 경쟁력 향상을 위해 자사가 추진해야 할 사업을 재점검하며 새로운 사업을 창출한다.

▎약점과 강점의 분석에 따른 현재 비즈니스 모델의 평가

결정된 사업 영역에서 자사가 사업을 전개할 경우 강점과 약점을 분석하여 현재의 비즈니스 모델의 경쟁력을 평가한다. 약점과 강점 분석은 인적 자원, 물적 자원, 자금, 정보, 기업 문화, 비즈니스 파트너 등의 전략적 경영자원을 고려하여 실행한다.

▎근본적인 변혁을 목표로 한 새로운 비즈니스 모델의 구축

현재 비즈니스 모델의 평가와 고객 니즈의 조사 및 경쟁력 평가 등을 토대로 경쟁력이 있는 새로운 비즈니스 모델을 구축한다. 새로운 비즈니스 모델은 고객과 시장의 변화를 포함한 자사의 현재와 미래에 있어서 승리의 방정식이 되지 않으면 안 된다.

▎대상 프로세스의 축소

새로운 비즈니스 모델이라는 승리의 방정식을 실현하기 위해서는 변혁해야 할 대상 프로세스를 결정해야 한다. 이 경우에 현재의 프로세스가 새로운 비즈니스 모델에 적합한가 하는 시각에서 평가하는 것이 중요하다.

▌대상 프로세스의 평가와 재편을 위한 리엔지니어링의 실시

대상 프로세스에 대해서는 기존 프로세스에 집착하지 않고 제로 베이스에서 근본적인 개혁을 한다. 개선이 아니라 리엔지니어링을 실시하는 것이 가장 효과적인 것은 바로 이 때문이다.

07

일본 경영 품질상과 프로세스 매니지먼트

일본 경영 품질상이란?
일본 경영 품질상 평가기준은?
일본 경영 품질상 평가기준의 구성

일본 경영 품질상이란?

일본 기업·조직이 국제적으로도 경쟁력이 있는 경영 구조로 질적 전환을 도모할 수 있도록 고객의 시각으로 조직을 경영하고 자기 개혁을 통해 새로운 가치를 지속적으로 창출할 수 있는 "탁월한 업적을 낳은 경영조직"을 가진 기업을 표창할 것을 목적으로 사회 경제 생산 본부가 1995년 12월에 창설한 표창 제도이다.

따라서 표창 대상 기업은 적절한 프로세스 매니지먼트를 실행하고 있음을 전제하고 있다.

일본 경영 품질상 평가기준은?

일본 경영 품질상 수상자에 대해 심사할 때 적용하는 기준이 바로 평가기준이다. 이 평가기준에 사고방식과 평가 방법 등을 추가한 것이 바로 '평가기준서'이다. '평가기준서'에는 심사란 무엇보다도 최신 경영 혁신 사고와 추천 방법 등의 프레임 워크를 제시하고 있기 때문에 일본 산업계에 있어서 경영 혁신을 추진하기 위해 경영 품질에 대한 이해를 높이고 많은 조직이 이러한 사고를 토대로 자기 평가를 실천하는 가이드라인으로 이용되고 있다.

"탁월한 업적을 낳은 경영 조직"을 심사하기 위한 평가기준은 8가지 카테고리로 나눌 수 있다. 또한 평가기준이 요구하고 있는 사항은 그 요구 내용의 차이에 따라 1) 방법/전개(카테고리 1~7), 2) 결과(카테고리 8)의 두 가지로 크게 나눌 수 있다.

▎방법/전개

평가는 구체적으로 요구되는 '방법'이 실질적으로 어디까지 전개되는가를 중시하기 때문에 '방법/전개'로 정하고 있다. 이 '방법/전개' 야 말로 프로세스 매니지먼트의 사고 그 자체이다. 프로세스의 4가지 기본적인 성질, 결함·사이클타임의 4가지 평가기준과 지표의 측정, 프로세스 매니지먼트의 목적인 프로세스의 개선·개혁 등의 관점에서 '평가기준서'를 살펴본다면 평가기준에 명시된 요구 사항을 보다 쉽게 이해할 수 있을 것이다. 다만 평가기준의 8가지 카테고리는 경영 혁신을 추진하기 위한 프레임 워크를 제시하고 있지만(8가지 카테고리가 요구하고 있는 것은 프로세스이지만), 이 프레임 워크가 기업의 업무 프로세스를 나타내고 있는 것은 아니다.

다시 말해 일상적인 업무가 이 프레임 워크에 따라 움직이는 것이 아님을 주목할 필요가 있다.

▎결과

'결과'에는 '방법/전개'에 표시된 활동의 결과 수준과 경향을 표시한 정보·데이터를 요구한다. 나아가 그 개선 결과가 어느 정도까지 확대될 것인지도 포함된다. 즉 프로세스 매니지먼트를 통해 개선·개혁된 '결과'를 평가기준·지표의 측정치로 심사하게 된다.

일본 경영 품질상 평가기준의 구성

일본 경영 품질상 평가기준은 다음과 같은 요소들로 구성되어 있다.

1) 목표하는 방향
2) 기본 이념
3) 중시하는 사고방식
4) 프레임 워크
5) 카테고리

▎목표하는 방향(탁월한 성과의 추구)

일본 경영 품질상이 목표하는 방향은 고객 중심의 사고에 바탕을 두고 탁월한 업적을 이룬 조직, 즉 탁월한 성과를 추구하는 기업 및 조직을 만드는 것이다.

기본 이념

기본 이념은 탁월한 업적을 이룬 경영 조직을 만들기 위한 변혁과 창조를 목표로 일본 경영 품질상의 기본적인 가치, 태도, 신념 및 행동 기준을 의미하고 '고객 중심' '독자 능력' '사원 중시' '사회와의 조화' 4가지 요소로 구성되어 있다. 기본 이념은 일본 경영 품질상의 근간을 이루는 사고이다.

중시하는 사고방식

중시하는 사고방식은 기본 이념을 토대로 당시의 경영 환경 및 경영 토양에 가장 중요한 관심사와 경영 과제에 대응하기 위한 중요한 사고방식을 표시한 것으로 1) 고객 입장에서 본 품질, 2) 리더십, 3) 프로세스 지향, 4) 대화를 통한 지식의 창조, 5) 스피드 업, 6) 파트너 십, 7) 공정성, 이상 7가지 요소로 이루어져 있다.

프레임 워크

프레임 워크는 경영 전체를 보는 거대한 틀로서 리더십에서 시작되는 8가지 카테고리를 표시한 것이다. 일본 경영 품질상에서는 경영 전체를 어떤 업종이나 업태에서도 공통적으로 존재하는 시각으로 보고 있다. 즉 보편적인 경영을 하는 모델을 제시하고 있다. 8가지 카테고리는 어떤 기업이나 조직에도 공통적으로 가지고 있는 경영에서 중요한 21가지 구조로(어세스먼트 항목) 구성되어 있다.

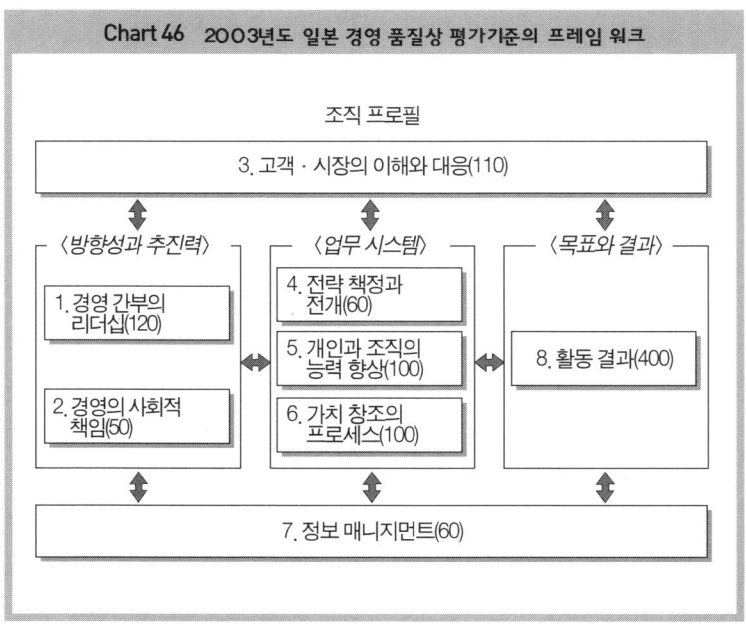

Chart 47 평가기준 일람

조직 프로필

항목	세부	배점
1. 경영 간부의 리더십		120
	1.1 경영 간부의 역할과 리더십	120
2. 경영의 사회적 책임		50
	2.1 사회적 요구에 대한 대응	30
	2.2 사회에 대한 공헌	20
3. 고객·시민의 이해와 대응		110
	3.1 고객·시장의 이해	50
	3.2 고객과의 신뢰 관계	30
	3.3 고객 만족의 명확화	30
4. 전략의 책정과 전개		60
	4.1 전략의 책정과 형성	30
	4.2 전략의 전개	30
5. 개인과 조직의 능력 향상		100
	5.1 조직적 능력	40
	5.2 사원의 능력 개발	30
	5.3 사원 만족과 직장 환경	30
6. 가치 창조의 프로세스		100
	6.1 기간 프로세스	40
	6.2 지원 프로세스	30
	6.3 비즈니스 파트너와의 협력 관계	30
7. 정보 매니지먼트		60
	7.1 경영 정보의 선택과 분석	30
	7.2 정보 시스템의 매니지먼트	30
8. 활동 결과		400
	8.1 리더십과 사회적 책임의 결과	60
	8.2 개인과 조직의 능력 향상 결과	60
	8.3 프로세스의 결과	80
	8.4 재무의 결과	100
	8.5 고객 만족의 결과	100
합 계		1000

(출처 : 2003년도 일본 경영 품질상 평가기준서)

카테고리

카테고리란 다양한 조직에 있어서 공통된 점을 파악하여 경영 전체를 한눈에 볼 수 있는 폭넓은 시각이다. 카테고리는 8가지가 있고 21개의 항목과 60개의 기술 범위로 나누어져 있다.

조직 활동을 전제로 한 '조직 프로필'을 토대로 카테고리 1의 "경영 간부의 리더십" 및 "2. 경영의 사회적 책임"은 "3. 고객·시장의 이해와 대응"으로부터 얻은 고객·시장의 니즈와 동향을 정확하게 파악하여 앞으로 나아갈 방향을 "4. 전략의 책정과 전개"를 통해 구체적으로 실행에 옮긴다.

그리고 전략에 따른 인재의 육성을 카테고리 5의 "개인과 조직의 능력 향상"에서, 전략에 따른 제품 및 서비스의 실현 프로세스를 "6. 가치 창조의 프로세스"에서 전개한다. 이 모든 일련의 활동을 지원하는 것이 바로 "7. 정보 매니지먼트"이다.

평가 항목과 기술 범위 및 사고방식

각 카테고리의 설명, 심사 항목의 기술 범위, 그밖에 사항들은 일본 경영 품질상 평가기준서를 참고하기 바란다. 이제부터는 각 카테고리의 기술 범위를 프로세스 매니지먼트의 관점에서 설명하기로 한다.

카테고리 1   경영 간부의 리더십

1.1 경영 간부의 리더십

카테고리 1.1은 기본적인 리더십 프로세스를 요구하고 있다. 즉, 기업 목적, 존재 의의, 경영 비전, 사명, 존재 가치 등 그 핵심뿐만 아니라 이들을 설정한 프로세스도 포함하고 있다. 또한 이것을 실현하기 위한 경영 간부의 책임 실행 프로세스도 포함된다. 동시에 이들을 조직 내외의 이해 관계자 즉, 고객, 사원, 비즈니스 파트너, 주주, 지역 주민, 업계 단체 등 다양한 관련 참여자와 공유하기 위하여 경영 간부가 활용하고 있는 프로세스, 이러한 조직 가치를 실현하기 위한 변혁 프로세스, 조직 전체의 목표 달성도 및 진척도를 확인하는 프로세스도 포함하고 있다. 또한 의사 결정 프로세스 즉 경영 간부의 의사 결정과 합의 프로세스도 포함된다. 그밖에 그 의사 결정과 합의가 투명성을 확보하고 있는 프로세스, 자발적이고 활발한 기업 문화 조성을 위한 프로세스도 포함된다. 이 항목들 중 마지막 항목으로는 리더십 프로세스를 평가하고 개선하는 프로세스, 즉 리더십 프로세스 매니지먼트 그 자체가 활용하고 있는 정보, 가치 기준·지표도 포함하고 있다.

마지막으로 다음 프로세스 매니지먼트의 주제인 현재 인식하고 있는 문제가 포함된다.

| 카테고리 2 | 경영의 사회적 책임 |

2.1 사회적 요구에 대한 대응

카테고리 2.1은 기업과 기업인이 사회의 구성원으로서 사회적 책임을 다하기 위한 프로세스를 요구하고 있다. 기업 윤리, 경영에 따른 사회적 윤리, 환경 및 에너지 문제, 장애인 고용, 소비자의 안전과 보호, 기업 정보의 공개 등 사회의 요구와 기대를 파악하고 경영 간부를 비롯하여 조직 전체가 이해하고 이를 준수하기 위한 프로세스가 요구된다. 또한 조직의 사회적 정의를 추구하며 경영의 투명성을 유지·고양시키는 프로세스 등이 포함된다.

2.2 사회에 대한 공헌

카테고리 2.2는 사회적 공헌 프로세스를 요구하고 있다. 사회의 일원으로서 신뢰받고 존경받는 존재로서 사회 전체, 지역 사회, 동종 업계에 대한 사회적 공헌을 할 프로세스를 포함한다. 관련 참여자들의 요구와 기대를 파악하는 프로세스뿐만 아니라 더 나아가 기업 문화 지원 활동을 위한 프로세스도 포함된다.

카테고리2.1, 2.2 모두 프로세스 매니지먼트의 관점에서 생각해볼 필요가 있다. 프로세스가 갖는 4가지 성질, 활용하고 있는 정보, 결함 및 사이클타임의 평가기준과 지표, 목표치 등을 명확히 할 필요가 있다.

| 카테고리 3 | 고객 · 시장의 이해와 대응 |

3.1 고객 · 시장의 이해

카테고리 3.1은 고객 접점에서부터 정보를 수집하고 고객 · 시장을 이해하는 프로세스를 요구한다. 고객 · 시장을 선정하는 프로세스, 수집한 조직 내외의 지식 및 정보로부터 기존의 고객 가치의 관점에 있어서 고객 · 시장의 현재 및 장래의 요구나 기대를 이해하는 프로세스, 고객 · 시장에 대한 이해를 통해 새로운 사업 기회나 시장을 검토하는 프로세스 등을 포함하고 있다. 기존 고객 · 시장에 추가하여 장차 미래의 고객 · 시장과 잠재적 고객 · 시장에 대해서도 동일한 프로세스를 적용할 필요가 있다.

3.2 고객과의 신뢰 관계

카테고리 3.2는 신속한 고객 접점 활동에 의해 고객과의 장기적인 신뢰 관계를 구축하고 유지 강화하는 프로세스를 요구한다. 고객 응대 기준을 토대로 고객에게 정보를 제공하는 프로세스, 불만 처리 및 문의 사항에 응대하는 등 고객 · 시장에 신속하고 정확하게 대응하는 프로세스 등을 포함한다. 불만 처리에 있어서는 재발 방지, 사전 방지 프로세스, 고객 대응 기준을 설정하는 프로세스, 고객과의 관계를 유지 강화하는 것 외에 거래 확대 프로세스 등도 포함된다.

3.3 고객 만족의 명확화

카테고리 3.3은 제품·서비스 및 기업 활동 전반에 관하여 고객에게 중요한 만족 요인, 불만 요인, 재구입 의사를 명확히 하는 프로세스를 요구한다. 고객 만족·불만족 요인을 명확히 하는 프로세스, 명확해진 요인들을 현재 고객과 잠재 고객, 그리고 과거 고객들로부터 파악하는 프로세스, 경쟁사와 비교하여 만족 및 불만족도를 파악하는 프로세스, 즉 고객으로부터의 평가를 파악하는 프로세스가 포함된다.

3.1, 3.2, 3.3에 대해서도 프로세스 매니지먼트의 관점에서 활용하고 있는 정보, 가치 기준·지표와 함께 목표치, 현재 인식하고 있는 과제에 대해서도 질문할 필요가 있다.

카테고리 4 **전략의 수립과 전개**

4.1 전략의 수립과 형성

카테고리 4.1은 조직의 경영 비전을 실현하기 위한 전략을 수립하는 프로세스를 요구한다. 전략 수립을 위해 필요한 정보 수집 프로세스, 이들을 분석하는 프로세스, 전략 결정 프로세스 등을 전략 수립에 참여하는 멤버들과 공동으로 고려해야 할 것들이다. 이때 결코 잊어서는 안될 상황은 현장에서의 생각과 판단으로 실행에 옮겨 성공한 것들을 전략에 반영하는 프로세스이다. 또한 전략 수립 프로세스의 아웃풋인 주요한 전략 과제가 활용한 정보, 평가기준, 지표, 목표치 등과 함께 고려된다. 동시에 전략 수립 프로세스 매니지먼트의 다음 주제인 현재 인식하고 있는 전략상의 과제도 고려의 대상이 된다.

4.2 전략의 전개

카테고리 4.2는 전략 과제를 각 부문의 실행 계획으로 변환하는 프로세스를 요구한다. 목표치를 각 부문별로 세분화하는 프로세스, 경영 자원의 분배 프로세스, 실행 계획 작성 프로세스, 커뮤니케이션 방법 및 비즈니스 파트너를 포함한 조직 전체의 일관성과 적합성을 갖고 전개하는 프로세스, 나아가 계획 달성도를 파악하는 프로세스, 또한 계획을 통제하는 프로세스 등이 고려의 대상이 된다. 또한 실행 계획으로 변환하는 프로세스의 아웃풋인 각 부문의 실행 계획도 달성도를 파악하기 위한 평가기준 및 지표, 목표치의 제시 등이 고려 대상에 포함된다. 그 프로세스는 고객의 관점, 인재의 관점, 사내 업무의 관점 그리고 재무의 관점에서 구축되어야 하며 현재 인식되고 있는 과제도 고려 대상에 포함된다.

| 카테고리 5 | 개인과 조직의 능력 향상 |

5.1 조직적 능력

카테고리 5.1은 변혁을 통해 탁월한 능력을 낳는 조직적 환경을 만드는 프로세스를 요구한다. 전략 과제를 달성하기 위해 조직에 필요한 자질과 능력을 명확히 하는 프로세스, 사원들이 자주적으로 행동할 수 있는 환경을 준비하는 프로세스, 권한 위임 프로세스, 적재적소의 조직 편성 프로세스, 채용 등 인재 확보 프로세스, 사원 잠재능력을 최대한 이끌어내는 프로세스, 사원들의 지원 프로세스, 사원들의 커뮤니케이션 및 협력 관계 등을 향상시키는 프로세스, 사원의 평가, 보상 또는 표창 등 조직적으로 사원들의 동기를 유발하는 프로세스 등 조직 능력에 관한 다양한 프로세스가 요구된다. 또한 이들 프로세스를 적절하게 조합시킴으로써 조직 전체의 능력을 향상시키는 프로세스도 포함된다. 나아가 지식을 어떻게 공유할 것인가 하는 프로세스도 고려 대상에 포함된다.

5.2 사원의 능력 개발

카테고리 5.2는 변화에 대응하여 고객 가치를 창조할 수 있는 개인의 능력 향상 프로세스를 요구한다. 전략 과제의 달성 및 조직이 보유한 독자 능력을 유지·향상시키기 위해 필요한 사원들의 능력 요건을 명확히 하는 프로세스, 능력 개발 프로그램을 개발하는 프로세스, 이들을 사원들에게 제공하여 각각의 능력 개발을 도모하는 프로세스 등이 여기에 포함된다. 마지막으로 능력 개발 프로그램을 개발, 제공하는 지도자의 능력 향상 프로세스도 고려 대상에 포함된다.

5.3 사원 만족도와 직장 환경

카테고리 5.3은 사원이 가지고 있는 요망 사항과 기대 또는 만족 요인과 만족도를 파악하여 필요에 따라 사원의 만족도를 향상시키는 프로세스를 요구한다. 사원의 만족 요인과 불만족 요인을 명확히 하는 프로세스, 사원 만족에 영향을 미치고 직장 환경에 관한 제반 시책 및 활동에 관한 프로세스, 나아가 자주성 및 창의성을 발휘할 수 있는 조직 풍토를 조성하는 프로세스 등이 포함된다. 또한 사원의 만족 요인, 불만족 요인을 명확히 하는 프로세스의 아웃풋인 만족·불만족 요인의 제시가 이루어져야 한다. 퇴직 후의 생활을 지원하는 것을 포함한 복리 후생 및 안전 관리 프로세스도 함께 다룬다.

5.1, 5.2, 5.3에 대해서도 프로세스 매니지먼트의 관점에서 활용하고 있는 정보, 평가기준·지표 및 목표치, 현재 인식되고 있는 과제들을 다루어야 한다.

| 카테고리 6 | 가치 창조 프로세스 |

6.1 기간 프로세스

카테고리 6.1은 높은 고객 가치를 지닌 제품 및 서비스인 기획·개발, 생산·제공 프로세스를 추구한다. 고객·시장의 요구·기대, 경쟁 요인, 신기술 개발, 비즈니스 파트너의 능력 등을 둘러싼 제품 및 서비스의 기획·개발 프로세스를 포함한다. 또한 마찬가지로 고객·시장 요구 및 기대, 경쟁 요인, 신기술 개발, 비즈니스 파트너의 능력 등을 둘러싼 생산 제공 프로세스가 포함된다. 생산·제공 프로세스에 대해서는 생산·제공 프로세스를 기획·설계하는 프로세스가 포함된다. 또한 제품 및 서비스인 기획·개발, 생산·제공의 각 프로세스 중에서도 리뷰 프로세스를 포함한다. 제품 및 서비스인 기획·개발, 생산·제공 프로세스의 실행 중에 발생하는 불일치의 발견, 해결, 재발 방지, 더 나아가 사전 방지 프로세스도 고려의 대상이 된다.

6.2 지원 프로세스

카테고리 6.2는 조직의 지원 서비스의 기획·개발, 운영·제공의 프로세스를 요구한다. 예를 들면 경리, 재무, 인사, 총무, 홍보, 법무, 시설관리, 구매, 특허, 연구 개발 등의 프로세스를 포함한다. 지원 서비스의 기간 프로세스에 대한 요구 및 기대를 파악하는 프로세스가 포함된다. 지원 프로세스 실행 중에 발생하는 불일치의 발견, 해결, 재발 방지, 더 나아가 사전 방지 프로세스도 고려의 대상이 된다.

6.3 비즈니스 파트너와의 협력 관계

카테고리 6.3은 기간 프로세스 및 지원 프로세스와 관련하여 조직의 독자 능력을 최대한 활용하고 외부 조직과의 파트너십을 구축하는 프로세스를 요구하고 있다. 비즈니스 파트너를 선정하는 프로세스, 커뮤니케이션을 포함하여 요구 조건을 전달하고 달성도를 확인하는 프로세스, 의견, 희망 사항, 제안 등을 수집하는 프로세스, 비즈니스 파트너와 일체가 된 관계 개선 프로세스 등이 포함된다.

6.1, 6.2, 6.3에 대해서도 프로세스 매니지먼트의 관점에서 활용하고 있는 정보, 평가기준 · 지표 및 목표치, 현재 인식되고 있는 과제들이 고려의 대상이 된다.

카테고리 7   **정보 매니지먼트**

7.1 경영 정보의 선택과 분석

카테고리 7.1은 지속적인 개선 및 조직 전체의 의사 결정, 주요 과제의 진척도 파악 등 조직 전체 및 각 부문의 업무 능력을 파악하고 사실에 기초하여 경영을 수행하기 위해 활용하고 있는 경영 정보 데이터의 선택, 수집, 분석의 프로세스를 요구한다. 또한 조직 전체와 각 부문의 업무 능력을 측정하기 위한 프로세스도 포함한다.

7.2 정보 시스템의 매니지먼트

카테고리 7.2는 경영에 있어서 중요한 정보를 공유하는 프로세스, 즉 정보 시스템의 기획 · 설계 · 운영의 프로세스를 요구한다. 정보 및 데이터의 공유화, 그리고 유효 이용 프로세스, 신뢰성, 정확성, 적시성, 안전성, 기밀성 등을 확보 · 유지하는 프로세스를 포함한다. 정보 시스템의 하드웨어 및 소프트웨어의 품질을 확보하는 프로세스들도 다룬다. 마지막으로 정보 시스템이라는 프로세스를 매니지먼트하기 위해서는 활용하고 있는 정보, 평가기준 · 지표 및 목표치, 현재 인식되고 있는 과제들도 고려의 대상으로 삼고 있다.

카테고리 8 활동 결과

8.1 리더십과 사회적 책임의 결과

8.2 개인과 조직 능력 향상의 결과

8.3 프로세스의 결과

8.4 재무의 결과

8.5 고객 만족의 결과

카테고리 8은 카테고리 1부터 7까지에 걸쳐 정의된 각각의 프로세스를 측정하는 평가기준·지표의 목표치를 포함한 결과의 데이터 제시를 요구하고 있다. 이 데이터들은 타사 비교를 포함하여 수년에 걸쳐 이루어진 것이다. 각각의 평가기준 및 지표는 카테고리 1부터 7까지에 있어서 프로세스 매니지먼트의 기법에 따라 정의·설정된다. 따라서 카테고리 8은 프로세스가 아니라 프로세스의 결과 데이터를 추구하는 것이다.

카테고리 1부터 7까지에 있어서 공통적인 것은 각 카테고리에서 요구되는 프로세스의 목적, 정의, QCD의 관점에서의 평가기준 및 지표, 목표치 그리고 현재 인식되고 있는 과제 및 문제에 대해 기술하는 것이다.

이상과 같이 일본 경영 품질의 평가는 일본 경영 품질상의 프레임워크의 카테고리 1부터 7까지에 걸쳐 프로세스 매니지먼트를 추구하고 있다. 즉 무엇을 행하고 있는가가 아니라 고객의 관점에서 요구되고 기대되는 것을 명확히 하고 고객의 요구 및 기대에 부응하는 고객 가치를 창출하기 위한 프로세스를 정의하여 필요에 따라 맵핑을 하고 평가기준 및 지표를 설정하며 그것을 측정함으로써 현재의 프로세스 달성 수준을 파악한 다음 목표에 도달하지 못할 경우 개혁 및 개선 활동을 한다. 이러한 일련의 개혁 및 개선 활동이 어느 정도 정착되고, 조직 전체가 변혁을 향해 어느 정도 자기 개혁 활동을 하고 있는가를 심사한다. 바꿔 말하면 조직 전체의 프로세스 매니지먼트가 제대로 작동하고 있는지의 여부를 심사하는 것이다.